A HISTÓRIA DE ROLANDO BOLDRIN
Sr. Brasil

Proibida a reprodução total ou parcial em qualquer mídia
sem a autorização escrita da Editora.
Os infratores estão sujeitos às penas da lei.

A Editora não é responsável pelo conteúdo deste livro.
Os Autores conhecem os fatos narrados, pelos quais são responsáveis,
assim como se responsabilizam pelos juízos emitidos.

Consulte nosso catálogo completo e últimos lançamentos em **www.editoracontexto.com.br**.

A HISTÓRIA DE ROLANDO BOLDRIN

Sr. Brasil

WILLIAN CORRÊA & RICARDO TAIRA

Copyright © 2017 dos Autores

Todos os direitos desta edição reservados à
Editora Contexto (Editora Pinsky Ltda.)

Foto de capa
©Pierre Yves REFALO

Montagem de capa e diagramação
Gustavo S. Vilas Boas

Preparação de textos
Lilian Aquino

Revisão
Hires Héglan

Dados Internacionais de Catalogação na Publicação (CIP)
Andreia de Almeida CRB-8/7889

Corrêa, Willian
A história de Rolando Boldrin : Sr. Brasil / Willian Corrêa,
Ricardo Taira. – 1. ed., 4ª reimpressão. – São Paulo :
Contexto, 2023.
224 p. : il.

ISBN 978-85-520-0010-5

1. Boldrin, Rolando, 1936 – Biografia 2. Cantores –
Brasil – Biografia 3. Música popular brasileira
I. Título II. Taira, Ricardo

17-0827   CDD 927.92028

Índices para catálogo sistemático:
1. Cantores – Brasil – Biografia

2023

EDITORA CONTEXTO
Diretor editorial: *Jaime Pinsky*

Rua Dr. José Elias, 520 – Alto da Lapa
05083-030 – São Paulo – SP
PABX: (11) 3832 5838
contato@editoracontexto.com.br
www.editoracontexto.com.br

SUMÁRIO

Prefácio 7
Introdução 13

Do nascimento à arte 15
A dupla Boy e Formiga 23
Primeiro ofício e a ida à capital 33
O ator estreia na TV 45
Teatro e censura 73
De volta à televisão 85
A última novela e a entrega à música 95
Os grandes festivais 109
Último encontro com a censura 117
Câmera e ação 121
Atenção: No ar o *Som Brasil* 133
O formato agradou 145
A escolha do repertório 171
Empório brasileiro 177
A publicidade e outros programas musicais ... 185
Sr. Brasil 193
80 anos, o que mais tem para fazer? 213

80 anos 219
Rolando Boldrin

Os autores 221

PREFÁCIO

Danado esse Téspis. Que caboclo doido! Dizem que um dia ele usou uma máscara e subiu um barranco para olhar a multidão e dizer: "Eu sou Dionísio". Minha nossa, ninguém ousava fazer um negócio desses lá nos idos da Grécia antiga, por volta de nove séculos antes de Jesus Cristo. Dionísio era um deus, deus do vinho, celebrado a cada colheita de uva. Que festança. Todo mundo ficava mamado. Deve ser por isso que Dionísio ou Baco também era chamado de deus da fertilidade. Ao dizer que era Dionísio, Téspis da Icária provocou gargalhadas, mas também causou espanto. Muitos ficaram imaginando o que um ser tão poderoso estava fazendo por aquelas bandas. Será que veio conferir de perto os vinhedos que cresciam em sua homenagem?

Endoidado, encorajado pela fermentação alcoólica, continuava fazendo suas traquinagens e, ao mesmo tempo, morria de rir do susto pregado naquela gente humilde, que acreditava em tudo. É claro, nunca tinham visto um deus em carne e osso. Deve ter sido como a chegada de um *tsunami*, observado por banhistas na praia. Mal sabia Téspis que, ao vociferar, entraria para a história como o primeiro ator de teatro do mundo ocidental. Faria com que os gregos assumissem o teatro como ação cultural, algo tão fundamental quanto respirar e um mecanismo de socialização jamais imaginado. Os aglomerados, com objetivos definidos, só existiam até então nas guerras, em homenagem a outros deuses mais violentos, como Hades e Atena.

As portas dos teatros foram se abrindo em todos os cantos, criando uma gama enorme de profissionais ligados a essa área, uma caboclada imensa pronta para entreter, fazer rir e chorar, falar de ódio e paz, de amor e traição, de sucesso e tragédia. Por essas bandas, o primeiro a encenar uma peça teatral talvez tenha sido o padre José de Anchieta. Isso mesmo, aquele que chegou com a turma do padre Manoel da Nóbrega logo após as viagens do descobrimento ou "achamento" do Brasil, como dizem. José de Anchieta fazia encenações, usando gente rústica, do povão, e até os próprios índios, para explicar a catequese e, assim, ganhar a confiança dos nativos que estavam aqui sossegados, vivendo da floresta, pelados para espantar o calor tropical, observando outros deuses, como Tupã, e que agora conheciam a existência de um Deus dos brancos, que eles deveriam seguir.

O teatro tinha a palavra e no princípio era o verbo. O teatro fez parceria com a literatura, outra forma de ensinamento, cultura e entretenimento, bem mais antiga. E põe antiga nisso. Os chamados homens das cavernas, há milhares de anos, desenhavam nas paredes e faziam símbolos para tentar explicar o que viam durante o dia, quando saíam para caçar. Tem muito bicho que aparece na arte rupestre. Com o tempo, a coisa foi se aperfeiçoando. Começaram a escrever em madeira, bambu, ossos e até em placas de barro. E foi melhorando com outros tipos de materiais, como tecido, papiro, couro e papel, que permitiram as dobras e os rolos. Os primeiros livros surgiram na Mesopotâmia, região entre dois rios enormes, o Tigre e o Eufrates, onde hoje fica o Iraque. Os sumérios costumavam colocar suas escritas em pequenas lajotas de barro. Os egípcios, ainda mais espertos, passaram a usar folhas de papiro, uma planta, e a emenda dessas folhas formava rolos de até 20 metros de comprimento. Esse povo criou a maior biblioteca da Antiguidade, a Biblioteca de Alexandria, que chegou a ter 700 mil livros. Até então tudo era escrito à mão. Imagine o trabalhão que dava.

O primeiro livro impresso só apareceu no Ocidente no século xv, na Idade Média, quando um alemão de nome Johannes Gutenberg criou a prensa. Seu primeiro trabalho foi imprimir a Bíblia sagrada. Os tipos (letras) eram de metais e foram posicionados um a um para imprimir 642 páginas. Demorou cinco anos. Foram distribuídos cerca de setecentos exemplares. O projeto causou uma verdadeira revolução cultural. Lado a lado, literatura e teatro fizeram o mundo sonhar. Dramaturgos passaram a ter suas obras impressas: de William Shakespeare, Oscar Wilde, Samuel Beckett, a Dario Fo, Agatha Christie, Nelson Rodrigues, Oduvaldo Vianna Filho, Jô Soares, Chico Buarque, destacados de uma lista interminável de gente que tem o domínio da escrita. Eternizar as obras despertou o interesse pela gravação. A memória não era o suficiente, até porque a memória "faia", como dizem os caboclos mais experientes. Luz e sombras deram inspiração aos amantes da tecnologia que impulsionaram a revolução industrial no século xviii. Transportar a mecanização para a arte levou muito tempo, mas enfim chegou.

Um cidadão francês, bem apessoado, um tanto obeso, cabelos encaracolados cobrindo as orelhas, bigode grosso, inventou a fotografia, que no começo recebeu o nome de *daguerreotipia*, em homenagem ao próprio, Louis Jacques Daguerre. Era o pontapé necessário para o surgimento do cinema, após vários experimentos de luz, sombras e imagens que de forma acelerada davam a ideia de movimento. Em 1895, outros dois matutos da França, os irmãos Louis e Auguste Lumiére, conseguiram gravar e transmitir essas imagens usando a mesma máquina. Era a estreia do cinema com um filme de 45 segundos mostrando operários saindo da fábrica ao final do expediente.

Nesse mesmo período, somava-se outra descoberta. O rádio chegava com força para se tornar o eletrodoméstico mais popular no mundo inteiro. Jornalismo, novelas e, claro, música. Pois bem, o único ponto negativo nessa trajetória, e o mais importante, é que tiraram de um brasileiro o pioneirismo na transmissão radiofônica, isso quase meio século depois de ingleses e alemães terem dominado o controle das ondas eletromagnéticas, as ondas de rádio. O padre e engenheiro gaúcho Roberto Landell Moura conseguiu falar em 1893 e ser ouvido à distância numa transmissão sem fio. Mas a façanha não foi suficiente. O mundo científico só reconheceu como início da era do rádio o trabalho feito pelo italiano Guglielmo Marconi, que foi ouvido a trinta metros de distância num experimento na casa da família em Bologna. Marconi patenteou a invenção e recebeu o prêmio Nobel de Física em 1909. Dizem que sem o rádio para dar o alerta a outras embarcações, não teria sobrado ninguém no naufrágio do Titanic em 1912.

O rádio se tornou um instrumento poderoso na divulgação da cultura. Reunia as famílias na sala para momentos de deleite e diversão. Na década de 1930, São Paulo e Rio de Janeiro já contavam com emissoras mantidas até hoje, como Record e Bandeirantes. Vencida a etapa do direcionamento do som em ondas AM e FM, a corrida era para saber quem faria a primeira transmissão simultânea de imagem. Válvulas sobre válvulas eram conectadas em um caixote, que seria batizado de aparelho de televisão ou televisor. Japão, Inglaterra e Estados Unidos tomaram à dianteira nos projetos na década de 1920. Era preciso unir som e imagem e transformá-los em pixels, que são pontinhos capazes de criar as figuras quando agrupados.

Os sinais, eletromagnéticos no início, passavam por fios, e na outra ponta, na casa do consumidor, voltavam a ser pixels. Coisa complicada, mas foi feita. A primeira imagem em televisão que se tem notícia é a do Gato Felix, personagem, até então, de histórias em quadrinhos. Aqui no Brasil, a tarefa de divulgar a televisão coube ao empresário Assis Chateaubriand. Ele comprou os equipamentos de transmissão nos Estados Unidos, além de duzentos televisores, que foram espalhados em pontos estratégicos da cidade de São Paulo. No dia 18 de setembro de 1950, Chatô colocou no ar a TV Tupi e deixou a população boquiaberta com a caixa falante e suas imagens.

Ao lado de Chateaubriand nesse dia glorioso estava uma jovem cantora, Hebe Camargo, que mais tarde seria celebrada como a rainha da televisão. Brasileiro adora títulos de nobreza. Seis anos após a inauguração, o Brasil contava com um milhão e meio de televisores. Gente de extremo talento – como Amácio Mazzaropi e José Mojica Marins, o Zé do Caixão – fez sucesso no cinema, no rádio e na televisão, mostrando que uma mídia não substituía a outra, como se chegou a sugerir no início.

Passadas mais algumas décadas, veio a internet e suas poderosas transmissões por canais exclusivos, abertos e redes sociais. Os artistas, produtores, diretores, fotógrafos, cineastas, e assim por diante, tiveram que se render a esse meio de comunicação abrangente e democrático. Quem não se adapta à web não está, necessariamente, fadado ao fracasso, mas vai encontrar mais dificuldade para conversar com um público conectado a esses aparelhos que informam sobre tudo e todos tão rápido quando a própria notícia e as próprias ideias.

Essa introdução se faz necessária para dizer que o personagem deste livro tem o privilégio de transitar por boa parte das artes consagradas no tempo. Caboclo bom de São Joaquim da Barra, interiorzão de São Paulo, Rolando Boldrin se considera um ator que canta, modéstia típica dos artistas. No auge de seus 80 anos de sabedoria, Boldrin mostrou que é possível se projetar indo contra a corrente das tendências midiáticas. Podia ter se conformado em ser ator de filmes premiados, ou de novelas acompanhadas no Brasil inteiro e até no exterior. Nada disso. Preferiu seguir os instintos e os sonhos. De coração aberto, queria que os talentos musicais escondidos nesse imenso território tivessem as mesmas oportunidades oferecidas aos artistas nas cidades grandes, que, até bem pouco tempo, se resumiam a São Paulo e Rio de Janeiro. Hoje é difícil até de contar quantos nomes ganharam projeção nacional a partir dos programas comandados por Rolando Boldrin nas diversas emissoras de TV pelas quais passou, culminando com o premiado *Sr. Brasil* na TV Cultura, emissora da Fundação Padre Anchieta. E qual é o estilo do programa? Simples: tem que ter música brasileira de raiz e de boa qualidade. Isso se faz muito por aí. Danado esse Boldrin!

INTRODUÇÃO

Os primeiros pingos começaram a cair no início da tarde. Quando já tinha anoitecido, o temporal precipitou a queda da temperatura. Um dia chuvoso inesperado. Daqueles que o corpo não responde aos chamados para sair da cama, sempre quentinha e aconchegante nessas horas. Não dava mesmo para criar nenhuma expectativa em relação à presença das pessoas. Puro engano! Aliás, o inusitado sempre fez parte da vida do matreiro de São Joaquim da Barra.

Sete da noite, e toma-lhe água do céu. Numa cidade onde a chuva não é sinônimo de farta colheita, e sim de tragédia, sair de casa em São Paulo era pura ousadia. Mas não para aqueles espectadores do senhor do Brasil Rolando Boldrin. E mais uma vez, como de costume, o teatro estava cheio.

"Não vejo a hora de essa cortina abrir!" A frase saía naturalmente e era uníssona entre os presentes. A plateia estava inquieta, ruidosa, excitada, à espera de um quase ente familiar, aquele que já tinha sido, para muitos,

companheiro em momentos de solidão e nas manhãs que precediam a chegada da prole para o almoço de domingo.

A cada minuto, o termômetro da ansiedade se elevava. Pior ainda para quem chegou de longe. E eram muitos. Uma vastidão de gerações. O pai que veio com o filho, a neta que trouxe a avó, o casal que se apaixonou e fez promessas de amor embalado pelas canções do caipira. Uma pequena demonstração da pluralidade do público. A gravação estava prestes a começar. O silêncio se impôs, dando abertura para os primeiros acordes da viola afinada e "marvada". Uma atmosfera quase mística para a entrada do inconfundível vozeirão.

A interpretação do primeiro causo foi de arrepiar. Mais uma edição, mais uma corriqueira gravação do *Sr. Brasil* da TV Cultura. Mas aquela parecia ser especial. Não seria uma homenagem aos seus admiradores? Sim e não. Cada programa era mesmo único, guardado a sete chaves na mente do caipira que iria comandar o *Sr. Brasil* como se estivesse numa noite de gala. E pelos próximos sessenta minutos a energia seria irradiante.

Bastava olhar para as paredes do templo teatral para entender por que a gravação do *Sr. Brasil* é eternamente mágica. Estandartes pendurados (nas paredes do teatro do Sesc Pompeia em São Paulo) com imagens de artistas, alguns que foram embora antes do combinado, dando proteção à plateia, ao caipira, ao espetáculo. Nomes como Noel Rosa, Luiz Gonzaga, Alvarenga e Ranchinho, Lupicínio Rodrigues, Jamelão, Dalva de Oliveira, Francisco Petrônio, Tonico e Tinoco... Pessoas admiradas ou que fizeram parte da vida do rei dos causos. Todos sempre iluminando o caminho do espiritualista Boldrin que os reverencia a cada programa.

Esse é mais um dia de trabalho de Boldrin. Mas, para chegar até aqui, há uma história de 80 anos com passagens pelo teatro, cinema, rádio, TV e palcos. Então vamos fazer uma viagem no tempo pela vida desse cantor, compositor, ator, apresentador, pintor e contador de causos, Rolando Boldrin.

DO NASCIMENTO À ARTE

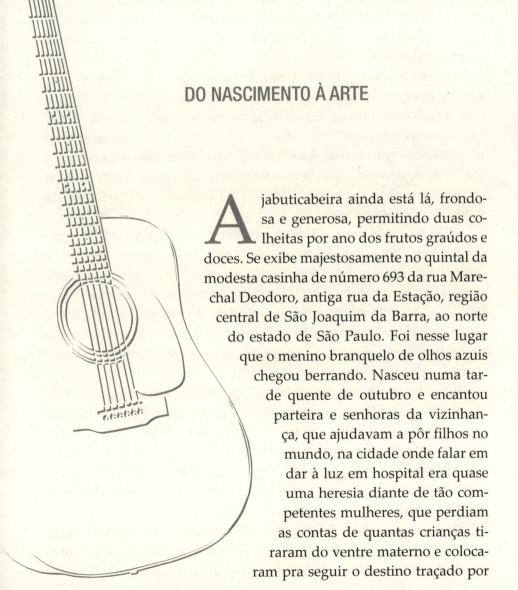

A jabuticabeira ainda está lá, frondosa e generosa, permitindo duas colheitas por ano dos frutos graúdos e doces. Se exibe majestosamente no quintal da modesta casinha de número 693 da rua Marechal Deodoro, antiga rua da Estação, região central de São Joaquim da Barra, ao norte do estado de São Paulo. Foi nesse lugar que o menino branquelo de olhos azuis chegou berrando. Nasceu numa tarde quente de outubro e encantou parteira e senhoras da vizinhança, que ajudavam a pôr filhos no mundo, na cidade onde falar em dar à luz em hospital era quase uma heresia diante de tão competentes mulheres, que perdiam as contas de quantas crianças tiraram do ventre materno e colocaram pra seguir o destino traçado por

Deus. Quando as parteiras entravam em ação, a presença masculina era dispensada. Os homens, geralmente, ficavam na sala da casa à espera do choro desesperado de crianças recém-nascidas, indicativo de que tudo caminhava "nos conformes", como se costumava dizer de uma tarefa bem-sucedida. Eles assistiam à passagem do balde de água quente, do balde de água fria, das toalhas, da imagem de Nossa Senhora das Dores, da vizinha do lado, da vizinha da frente, da mãe, da tia que veio de longe, da madrinha de casamento. Uma multidão num quarto modesto.

A partir do choro do bebê, os homens se abraçavam, limpavam o suor do rosto, e o dono da casa começava a passar os copos que receberiam a cachacinha de qualidade feita no melhor alambique da região. Quando a parteira saía com a criança embrulhada na manta abençoada na paróquia central, dias antes do nascimento, os beijos exalavam o cheiro da aguardente que, a partir daquele momento, iriam embalar as conversas até altas horas. Uma alegria que se repetia na casa dos Boldrin a cada dois anos.

Quando o menino de olhos azuis nasceu, a família já era bem grande. Rolando foi o sétimo filho do mecânico de automóvel Amadeu e da dona de casa Alzira. Depois dele, ainda viriam outros cinco que completariam a matemática tão sonhada pelo casal: seis homens e seis mulheres. Uma família, como tantas outras de São Joaquim da Barra, cidade a 385 quilômetros da capital de São Paulo, quase divisa com Minas Gerais, e que tinha, na época, como principais fontes de riqueza o café e a pecuária.

Era o dia 22 de outubro de 1936. Os olhinhos azuis ainda incomodados com a luz piscavam passando de colo em colo. Recebia sinais da cruz na testa e beijos um tanto exagerados, bem típicos da expansividade brasileira, misturada à dramaticidade dos italianos, que passaram a habitar em grande número terras no interior paulista e de outros estados nos dois últimos séculos, formando uma das maiores comunidades de imigrantes em território brasileiro.

Os avós paternos, Mario Boldrin e Marieta Zordan, eram italianos. Ele, de Pádua; ela, de Verona. Aqui, fizeram amizade com a família Machado, de ancestrais portugueses. Foi quando os pais de Rolando

Do nascimento à arte

Dona Alzira, mãe de Boldrin.

Boldrin se conheceram, namoraram e celebraram o casamento numa festa típica da roça, ao ar livre, com muita comida, bebida, cantoria e dança.

Era comum entre as famílias da primeira metade do século passado – principalmente no interior, onde se precisava de muitos braços para o plantio – aumentarem a prole rapidamente. Com seu Amadeu não foi diferente, embora ele não se interessasse pelo campo e procurasse sempre se aperfeiçoar na profissão de mecânico, mexendo em fordinhos. Ele só respeitava o tempo do chamado resguardo pós-parto. Seu Amadeu e dona Alzira tiveram os filhos Yolanda, Rolanda, Jaques, Tim, Aroldo, Leili, Rolando, Cida, Nino, Alzirinha, Leila e Maria.

O batizado do menino Rolando ainda demoraria. Seu Amadeu, materialista, se dizia ateu. Dona Alzira, católica fervorosa, queria os filhos seguindo as leis canônicas. Não deixava o marido em paz quando o assunto era a vivência com a Igreja. Somente quando Rolando tinha 7 anos de idade, o pai decidiu batizá-lo. E meses depois também levou o garoto para ser crismado. Os padrinhos, de batismo e de crisma, eram fazendeiros e suas respectivas esposas. Era tradição entre as famílias humildes convidar gente abastada para as cerimônias religiosas. O padrinho de crisma foi Enoque Garcia, um dos fundadores de Guaíra e também um dos primeiros prefeitos do então vilarejo. A família Garcia segue hoje na política, com enorme influência no município.

Na visão de seu Amadeu, ir à escola era uma atividade temporária. Os filhos precisavam aprender a ler, escrever e fazer contas, conhecimentos, segundo ele, suficientes para que todos pudessem enfrentar o que viesse pela frente. O importante era aprender um ofício. Isso no caso dos meninos, já que as filhas cuidariam de afazeres domésticos e permaneceriam na segurança do lar até o dia do casamento.

Quando Rolando Boldrin tinha 2 anos, a família se mudou para Guaíra, município próximo de Barretos. O aluguel era mais barato e, com a família crescendo e mais bocas para alimentar, era preciso fazer alguma economia. Foi em Guaíra que ele fez os primeiros anos do primário, hoje chamado de ensino fundamental.

O grupo escolar exigia que os alunos cantassem o Hino Nacional reunidos no pátio e observando o hasteamento da bandeira brasileira. Mão direita sobre o peito. A maioria disfarçava. Fingia que cantava por não saber a composição. Só havia um trecho que todos soltavam a voz: "*Ó pátria amada, idolatrada, salve, salve*". Na sequência, voltavam os murmúrios. Rolando, no entanto, se esforçava para cantar a maior parte da letra escrita pelo poeta Joaquim Osório Duque Estrada.

A primeira professora foi dona Madalena, uma mulher enérgica, magra e atenta a todos os movimentos dos alunos. Os mais faladores, entre eles o menino de olhos azuis, costumavam ser advertidos com tapas na cabeça e também com golpes de régua.

A rua era o parque de diversões daquela molecada nos anos 1930 e 1940, uma extensão dos próprios lares, muitos deles de terra batida, como era o caso do imóvel ocupado pela família Boldrin. Sobre o chão de terra, uma infinidade de colchões de palha e travesseiros de pena garantia a todos uma boa noite de sono, juntinhos – uma dádiva para uma família amorosa e solidária.

Em Guaíra, o pai trabalhava na oficina mecânica de José Maria Marques Bom, também dono das jardineiras, os ônibus que atendiam à população local e das cidades vizinhas. Eram veículos montados sobre

Do nascimento à arte

Família reunida. Da esquerda para a direita (em pé) Yolanda, Rolanda, Jaques, Tim, Aroldo, Leili e Rolando (de terninho branco.) A mãe Alzira, Cida, o pai Amadeu, Nino, o avô Mário. As meninas à frente: Alzirinha, Leila e Maria.

chassis de caminhão. O galpão onde funcionava a oficina ainda existe e a Viação José Maria Marques Bom Ltda. segue em operação. Na oficina sempre sobravam alguns pneus velhos, que eram logo transformados em brinquedo pelo grupo de amigos dos irmãos Rolando, Leili e Nino. Estes usavam calça curta por serem os mais novos e não se acostumavam com os sapatos, sempre deixados de lado após a aula. Pés descalços prontos para as aventuras de subir em árvores, lutar na brincadeira de bandido e mocinho, mãe na mula e, a mais divertida de todas, entrar nos velhos pneus e serem jogados ladeira abaixo. Ver o mundo de ponta cabeça a toda velocidade até bater em algo, uma árvore ou muro, e parar. Pele esfolada e arranhões pareciam não preocupar, ao contrário, eram apresentados como troféus numa demonstração de coragem dos pequeninos.

Desde cedo, Rolando demonstrava sua paixão pela música. Pegava uma vassoura e fingia que estava tocando violão. O pai gostava de ver aquela brincadeira e costumava chamar os amigos da oficina no intervalo do almoço para ouvir o filho cantar músicas de Bob Nelson, o primeiro artista brasileiro a misturar o estilo caipira ao dos caubóis norte-americanos. Um dos seus sucessos, "Oh, Suzana", dizia: *"oh, Suzana, não chores por mim/Eu vou para o Alabama, vou tocando bandolim"*. Com chapéu no estilo texano, lenço no pescoço, cinturão com duas armas, Bob Nelson e seus Rancheiros faziam apresentações em todos os cantos do país. O pequeno Boldrin, além de imitar o andar dos gringos durões, prontos para um duelo, também dava o grito dos caubóis: *"o-le-rei-iii- tiii... o-le-rei-iiiii–tiii"*. E todos caíam na risada.

A vida pacata era confrontada com um fator externo angustiante. Guaíra, um lugar minúsculo na área urbana, mas gigante na lavoura, também sentiu bastante os efeitos da Segunda Guerra Mundial. Houve racionamento de alimentos básicos, como o arroz e o pão. O mercadinho amanhecia com fila na porta, e todos saíam carregando pouca coisa. Criação de frangos, porcos, plantação de milho, árvores frutíferas e horta no quintal ajudavam a complementar as refeições de uma família tão grande quanto a dos Boldrin. O avô paterno, Mário, também morava com eles. A avó, Marieta, já havia falecido.

Sem gasolina, outro produto racionado, os poucos carros de passeio e caminhões agrícolas foram deixados nas garagens. A oficina mecânica ficou quase sem serviço até que, de repente, surgiram os veículos que suportavam, geralmente na parte traseira, o que parecia ser uma miniusina, com chaminés exalando vapor o tempo todo. Era o gasogênio, um equipamento primoroso, apesar do tamanho avantajado, que foi uma opção à falta de combustíveis. A pequena usina queimava madeira, carvão ou restos de produtos agrícolas, como bagaço de milho, para criar o vapor responsável pela compressão e capaz de fazer o motor funcionar. Em 1940, o presidente Getúlio Vargas criou a Comissão Nacional do Gasogênio com o objetivo de facilitar a produção em larga escala do equipamento. A partir daí, surgiram as frotas de ônibus movidas a vapor. Era altamente poluente, mas não deixava ninguém a pé.

A família Boldrin ficou em Guaíra até o fim da Segunda Guerra Mundial. Exatamente em 1945, voltaram a se mudar. Houve uma passagem por Ituverava antes do retorno definitivo a São Joaquim da Barra. A volta à cidade de origem fez o menino de olhos azuis abraçar o sonho de subir no palco. Falava em ser ator e via na moda caipira o início de uma caminhada que poderia levá-lo ao estrelato. O fascínio pelo palco surgiu dentro de um circo. O menino foi subjugado pelo encantamento daqueles que passam a vida sob a lona, saltimbancos, provocando alegria, causando suspense, despertando a coragem, o heroísmo, quando o roteiro circense avançou pelo imenso interior. O circo era o elo de gente simples com a arte. Era o zoológico itinerante, pela quantidade de animais transportada, desde um simples franguinho, que costumava escapar dos palhaços em ziguezagues hilários, até os grandes felinos com seus dentes de sabre intimidados pelo chicote sonoro do domador. O circo era um grande acontecimento, um instante de união das famílias.

O que mais interessou o menino Boldrin foi o circo-teatro. O garoto ficava na primeira fila e decorava peças inteiras: *O ébrio, O céu uniu dois corações, O mundo não me quis*. Tornou-se um frequentador tão assíduo que passou a se misturar a técnicos e cenógrafos como uma mascote da trupe, sempre curioso, sempre querendo aprender sobre tão nobre trabalho. Certa vez, o dono de um circo-teatro conversou com os pais de Boldrin e esses autorizaram o menino a viajar com o grupo. Por volta dos 9 anos de idade, o garoto chegou a fazer parte do elenco, sua primeira experiência como ator.

Experiências como o circo-teatro fizeram as brincadeiras darem lugar a uma mente irrequieta decidida a novas conquistas. Era o entusiasmo que tentava vencer o marasmo das poucas opções de sobrevivência profissional aos jovens de uma cidade pequena em um país se adaptando ao pós-guerra. Ganhou uma viola do pai, e um professor de ginásio, Toniquinho Della Vecchia, o ensinou a afinar o instrumento no estilo "Rio abaixo". Uma viola tem dez cordas, dispostas em cinco pares, e as diferentes afinações variam de acordo com a região do país. A "Rio abaixo", contadas do agudo, cordas inferiores, para o grave, as superiores, exige a sequência de notas ré – si – sol – ré – sol, gerando um acorde de sol maior se tocadas simultaneamente. Essa afinação é muito usada no blues norte-americano e é também muito próxima à afinação do cavaquinho brasileiro (ré – si – sol – ré).

A DUPLA BOY E FORMIGA

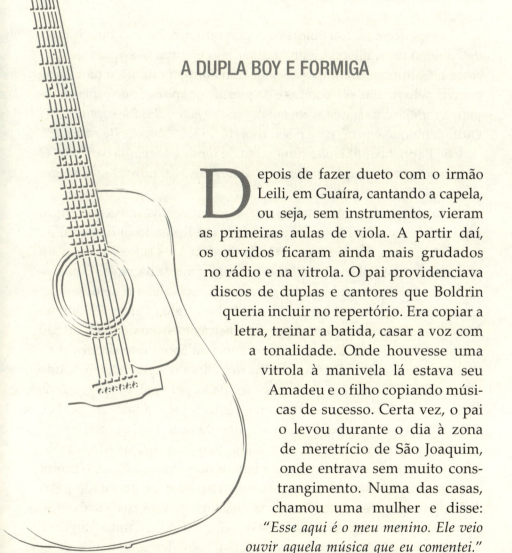

Depois de fazer dueto com o irmão Leili, em Guaíra, cantando a capela, ou seja, sem instrumentos, vieram as primeiras aulas de viola. A partir daí, os ouvidos ficaram ainda mais grudados no rádio e na vitrola. O pai providenciava discos de duplas e cantores que Boldrin queria incluir no repertório. Era copiar a letra, treinar a batida, casar a voz com a tonalidade. Onde houvesse uma vitrola à manivela lá estava seu Amadeu e o filho copiando músicas de sucesso. Certa vez, o pai o levou durante o dia à zona de meretrício de São Joaquim, onde entrava sem muito constrangimento. Numa das casas, chamou uma mulher e disse: *"Esse aqui é o meu menino. Ele veio ouvir aquela música que eu comentei."*

No canto da sala, havia um gramofone onde o pai colocou um disco 78 rotações. Uma, duas, três voltas na manivela, começou o chiado e depois os primeiros acordes de "Destinos iguais", uma toada de Capitão Furtado e Laureano. Com um lápis e um caderno, Boldrin copiava sem se importar com o entra e sai de fregueses na casa simples e deteriorada. (*"Já foi no morrer do dia/Quando eu vi com alegria/Dois canários a cantar/Com gorjeios de ternura/O casal trocava juras de eternamente se amar..."*).

O gramofone ajudou Boldrin a copiar outras músicas: "Piracicaba", de Newton de Almeida Mello, um sucesso enorme nas vozes de Mariana e Cobrinha. A composição foi transformada no hino da cidade famosa pelo rio das corredeiras e da grande quantidade de espécies de peixes (*"Piracicaba que eu adoro tanto, cheia de flores, cheia de encantos..."*). Outra letra que entrou para o seu repertório foi "Mágoas de carreiro", de João Baptista de Oliveira Júnior, pai de Linda e Dircinha Batista. (*"O progresso me arruinou/Ai, minha vida de carreiro/Meu carro tá se estragando/Ai, sem abrigo no terreiro..."*).

Não demorou, e na família quase sem talentos musicais surgiu uma dupla caipira: Boy e Formiga. Boy era Rolando Boldrin, então com 11 anos; e Formiga, o irmão Leili, com 13. Os dois ensaiavam as músicas que Boldrin escolhia e já sabia pontear na viola. Começaram a cantar em festinhas, inaugurações e após a missa de domingo. Uma grande oportunidade para a duplinha surgiu quando Chiquinho Mauad e familiares inauguraram a primeira emissora de rádio de São Joaquim da Barra, a ZYK-4, uma potência na época que alcançava cidades vizinhas, como Guará, Santana dos Olhos d'Água, Morro Agudo e Orlândia. O nome artístico "Boy" foi dado pelo pai, fã ardoroso de William Boyd, ator norte-americano, famoso pelos filmes de caubói. "Formiga" criava um equilíbrio para algo da terra e bem brasileiro.

Na inauguração da ZYK-4, a Rádio São Joaquim, os Mauad não economizaram. Contrataram nada menos que Orlando Silva, o cantor das multidões, que não conseguia ir às ruas sem ser abordado pelas fãs. Algumas vezes, teve as roupas rasgadas pelos agarrões. Contrataram também uma dupla sertaneja, Nhô Nardo e Cunha Junior, e chamaram cantoras e cantores da região, convidando ainda os garo-

A dupla Boy e Formiga

A dupla de São Joaquim da Barra (SP), Boy e Formiga, no cartaz do Cine Teatro Santana, em Santana dos Olhos d´Água (atualmente município de Ipuã), em 1947.

tos Boy e Formiga. O sucesso da duplinha foi enorme. Eram os filhos ilustres da cidade que se enchiam de orgulho como artistas mirins. Uma reportagem no jornal semanal selou a consagração. A emissora fez um acordo com seu Amadeu para a duplinha se apresentar todos os domingos, às onze da manhã, logo após a missa do padre Eugênio. Os dois garotos ganharam um patrocinador, as Casas Salomão, lojas de armarinhos que pagavam 50 mil réis por mês e também davam os tecidos para a confecção das roupas, basicamente camisas xadrezes e calças compridas. Completavam a indumentária os chapéus de palha com o nome artístico de cada um.

Foram três anos de muita cantoria. A dupla Boy e Formiga se tornou a voz de São Joaquim da Barra. Aos domingos, os locutores Lafayette Leandro e Airton Gouveia apresentavam os meninos diante de uma plateia entusiasmada. Ainda sem composições próprias, os dois faziam o riscado em músicas de Alvarenga e Ranchinho, Tonico e Tinoco, Venâncio e Corumba, Cascatinha e Inhana, Raul Torres e Serrinha, João Pacífico, e outros nomes importantes da música caipira na época. Eles também se apresentavam em cidades onde havia sala de cinema, os chamados cineteatros. Era comum haver apresentações artísticas no palco diante da tela antes de rodarem a fita em preto e branco. Foi um período em que Boy tomou uma decisão que o acompanharia para sempre: a defesa da arte brasileira. Como chefe da dupla, ele exigia que o filme fosse nacional: *"Senão não toco"*.

Seu Amadeu gostava de dizer que sua influência foi responsável pelo surgimento de Boy e Formiga. Com o orgulho dos meninos denunciado a cada gesto, ele não costumava economizar quando se tratava de promover os filhos. Viajava até a capital, São Paulo, só para encomendar matrizes de retratos da dupla no sistema *offset*, e assim poder imprimir cartazes e divulgar as apresentações. Um desses cartazes dizia que a dupla da Rádio São Joaquim, Boy e Formiga, iria se apresentar pela primeira vez no Cineteatro Santana, da cidade de Santana dos Olhos d'Água – hoje batizada de Ipuã, que em tupi-guarani significa "água que brota da terra". O "monumental espetáculo" uniria tela e palco. O filme era *E o mundo se diverte*, de 1948, uma comédia com ares de obra-prima. Nada menos que Oscarito e Grande Otelo faziam o público rolar nas poltronas de tanto rir. A trilha sonora era de Dorival Caymmi, Luiz Gonzaga e Humberto Teixeira. Para o jovem Rolando não havia nada melhor do que ver dois dos maiores atores brasileiros em ação ao som de nomes que entraram para a história da MPB. Naquela noite, também subiria ao palco José Gonçalves, apresentado como verdadeiro intérprete das músicas de Vicente Celestino.

Era uma vida inesperada, um acaso do destino envolvendo dois jovens interioranos, gente propensa a ter uma rotina banal, seja no campo ou na cidade, chamada de "vidinha". Aquele *"Bom dia. Como vai?"* que tinha como resposta: *"Vou levando a vidinha que Deus me deu"*,

O gigante seu Amadeu com os filhos Leili (Formiga)
e Rolando (Boy) em São Joaquim da Barra.

segundo os mais angustiados, os desvalidos, como se os dissabores também tivessem origem em uma graça divina. E se era divina, quem haveria de reclamar. Era seguir e se conformar.

Poderia ser esse o destino dos meninos de São Joaquim da Barra, mas a viola e os ponteios mudaram o rumo das coisas. Dos 11 aos 14 anos, Rolando Boldrin, e dos 13 aos 16, Leili Boldrin, carregavam consigo as fotos deles impressas em *offset* encomendadas pelo pai para distribuir e dar autógrafos. Não iam à escola, mas eram tratados como se fossem os gênios da tabuada, os futuros doutores e os genros que as mães queriam. E eles só precisavam cantar. Guardadas as proporções, lembravam aqueles times modestos de cidade minúscula quando despontam no campeonato brasileiro e enchem os habitantes locais de orgulho. Isso sem contar os 50 mil réis por mês e o cachê em cada apresentação, combinação financeira que ajudou a alterar a condição da família de pobre para menos pobre.

Rolando perderia as contas de quantas canções aprendeu a dedilhar na viola e depois no violão. O irmão Leili decorava as modas com bastante interesse naquele trabalho tão aguardado pelos ouvintes da ZYK-4 nas manhãs dominicais. A deixa para os primeiros acordes era a frase do locutor *"um oferecimento das lojas de armarinhos Salomão"*.

Ao mesmo tempo em que treinava as músicas, Boy lia poesia, contos e prosas. Zé da Luz, um poeta paraibano, Catulo da Paixão Cearense e Guimarães Rosa estavam entre os preferidos. Em sua mente, a poesia entrava como cúmplice de um projeto maior, uma manifestação para divulgar a arte brasileira. Visionário, nunca colocaria essa obsessão no papel, guardaria tudo na memória. Mesmo garoto já tinha "causos" para contar de situações observadas no cotidiano, geralmente situações engraçadas. Tinha também uma tragédia no currículo. Havia testemunhado um tiroteio, que resultara na morte do delegado, quando ainda morava em Guaíra.

Era manhãzinha quando o delegado Agapito deixou o Hotel São Paulo, onde residia temporariamente, para iniciar mais uma jornada de trabalho. Vestia um terno cinza claro e usava um chapéu de palha do tipo Panamá. Os sapatos brilhavam depois de serem lustrados pelo engraxate que atendia os hóspedes no saguão. Ele checou o horário no relógio de bolso com cordão dourado e caminhou tranquilamente em direção à praça central. O doutor Agapito, como era chamado, ainda não havia decidido se ficaria na cidade e, por esse motivo, não tinha levado a família, nem alugado uma casa. Quase no centro da praça, foi abordado por Ermelindo Souza, um trabalhador rural que, parado diante do delegado, cravou a frase:

– *Eu disse que você nunca mais ia bater na cara de ninguém.*

O delegado arregalou os olhos, e Ermelindo sacou a arma e disparou duas balas no corpo do policial civil, que tombou morto, para surpresa e pânico de quem passava pela praça ou entrava na igreja para a primeira oração do dia. Rolando estava na fila do pão no mercadinho junto com alguns amigos. Ele se lembra de ver o atirador parado como uma estátua diante do corpo. Foi o próprio Ermelindo que pediu para chamarem a polícia. Quando os guardas civis chegaram, ele entregou a arma, confessou o crime e foi levado para a cadeia.

A dupla Boy e Formiga

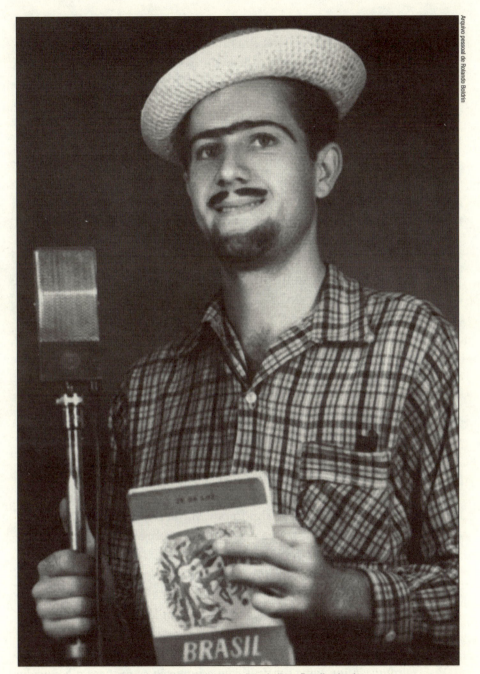

Rolando Boldrin declama trechos do livro *Brasil caboclo*
na emissora de rádio ZYK-4 de São Joaquim da Barra, em 1953.

O trágico fim daquela contenda teve início no dia anterior. O delegado Agapito, há poucos dias na cidade, entrava e saía dos lugares quase sem abrir a boca. Era de pouca conversa e tinha um olhar soberbo. Na delegacia era visto como alguém experiente, que deixou a capital para prestar um favor a um povo atrasado, pouco afeito às leis. Na véspera do crime, ele entrou em um boteco no qual Ermelindo e alguns conhecidos tomavam a tradicional cachacinha do fim de tarde para aumentar o apetite no jantar, como costumavam dizer. Ermelindo quis fazer cortesia e ofereceu uma dose de pinga ao delegado, que naquele momento esfregava um lenço na testa para tirar o suor. Sem responder à oferta, o delegado guardou o lenço no bolso do paletó e, em seguida, desferiu um tapa no rosto de Ermelindo, que só não foi ao chão porque seu corpo foi de encontro ao balcão, onde se segurou. Um silêncio sepulcral tomou conta do ambiente.

– *Isso é coisa que se faça? Oferecer pinga a um delegado! Me respeite, caipira* – esbravejou o delegado.

Humilhado e trêmulo, Ermelindo perguntou ao balconista quanto precisava pagar.

– *Não é nada não, Ermelindo* – disse o dono do boteco.
– *Faço questão. Quanto devo?*

Pagou, ajeitou as calças na cintura e foi até a porta do bar. Quando se virou, disse ao delegado:

– *Você nunca mais vai bater na cara de ninguém.*

Saiu a passos largos para cumprir a sina na manhã do dia seguinte.

O jornal *O Guaíra* – hoje dirigido por Maria Izildinha Lacativa, filha do fundador, Vicente Lacativa – pesquisou sobre o assassinato e dá uma versão um pouco diferente.

– *Ermelindo estava no meretrício, ou casa de tolerância, modo mais popular de indicar uma área de prostituição, quando o delegado Agapito chegou alertado por frequentadores que viram Ermelindo portando uma arma. Agapito não só tomou a arma, como deu dois tapas no rosto de Ermelindo, que deixou o local fazendo ameaças. Naquela mesma noite, ele comprou um novo revólver com a intenção de praticar o homicídio na manhã seguinte.*

Após o assassinato, Ermelindo foi levado para a prisão de Orlândia, a cidade próxima, de onde escapou. Como fumava muito, deixou uma trilha de bitucas pelo chão e foi localizado por policiais, armado com um machado margeando a linha do trem em direção a Guaíra, onde pretendia se vingar dos que o denunciaram para o delegado. Esse é um caso que Guaíra nunca esqueceu. Cerca de um mês após o homicídio, dona Alzira precisou visitar uma irmã enferma na capital paulista. Levou consigo quatro filhos, entre eles Rolando Boldrin. O grupo foi até Agudos de jardineira e lá pegou o trem da linha Sorocabana. Por coincidência, no mesmo vagão estava Ermelindo, algemado e escoltado por dois policiais fardados. Anos mais tarde, soube-se que Ermelindo havia morrido na prisão em São Paulo.

O testemunho do assassinato entrou na vida de Boy como a experiência desafortunada que muitos tiveram ou terão na vida. Cenas que nunca se apagam da lembrança infantil. Fazer rir ou chorar é parte da exposição do artista. Um caso triste, e a plateia emudece; um caso curioso, e os olhos se arregalam; um conto engraçado, e se desopila o fígado. Com domínio de palco, Boy misturava a palavra cantada com a palavra declamada. Dá para imaginar na voz de menino, olhos fixos na plateia, braços abertos, peito estufado, como ficaria o monólogo de "Luar do sertão", de Catulo da Paixão Cearense:

> *Não há, ó gente, oh não, luar como este do sertão...*
> *Oh que saudade do luar da minha terra*
> *Lá na serra branquejando*
> *Folhas secas pelo chão*
> *Esse luar cá da cidade tão escuro*
> *Não tem aquela saudade*
> *Do luar lá do sertão*

Ao final, só se ouviam os aplausos. O menino loiro tirava o chapéu e curvava o corpo em agradecimento. Virava em direção ao irmão e dizia: *"Vamos mais uma Formiga, mais uma pra gente ir embora. Já tô ficando com fome..."*.

As moças do educandário passavam quase todas juntas pelo centrinho de São Joaquim na entrada e saída das aulas, num desfile que mexia com as emoções da rapaziada. Leili já tinha uma namoradinha e pensava em sair da cidade e ir se virar em algum outro canto onde pudesse alcançar o próprio sustento, uma iniciativa comum entre os jovens no início da vida adulta. Sem dons musicais e obstinado por uma nova jornada, Leili anunciou à família o fim da dupla. Terminava ali a carreira de Formiga. Ninguém mais ocuparia o seu lugar. Seu Amadeu, inconsolável, passou dias cabisbaixo. Estava ao mesmo tempo triste e orgulhoso do filho que demonstrava o mesmo vigor dos pais imigrantes. Sair em busca de um novo destino. Rolando também decidiu fazer uma pausa na carreira artística. Poderia ter seguido sozinho, mas foi solidário ao irmão naquele momento. Imaginava, porém, que pudessem voltar a cantar juntos mais adiante. Afinal, foram três anos de intensa atividade para dois garotos vistos como danados de bons. Todos precisavam de um descanso.

PRIMEIRO OFÍCIO
E A IDA À CAPITAL

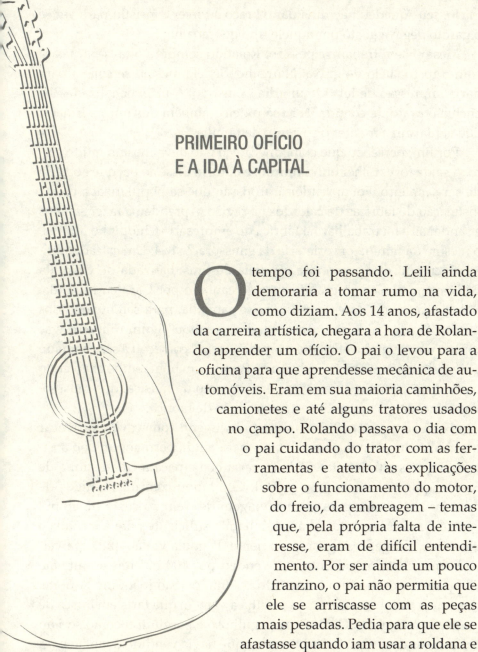

O tempo foi passando. Leili ainda demoraria a tomar rumo na vida, como diziam. Aos 14 anos, afastado da carreira artística, chegara a hora de Rolando aprender um ofício. O pai o levou para a oficina para que aprendesse mecânica de automóveis. Eram em sua maioria caminhões, camionetes e até alguns tratores usados no campo. Rolando passava o dia com o pai cuidando do trator com as ferramentas e atento às explicações sobre o funcionamento do motor, do freio, da embreagem – temas que, pela própria falta de interesse, eram de difícil entendimento. Por ser ainda um pouco franzino, o pai não permitia que ele se arriscasse com as peças mais pesadas. Pedia para que ele se afastasse quando iam usar a roldana e as correntes para erguer um motor que precisasse de retífica. A falta de entusiasmo no trabalho na oficina foi logo percebida pelo pai. Mas, no início, seu Amadeu não quis dar o braço a torcer e insistiu para ver se o garoto pegava gosto por aquele tipo de trabalho.

Mesmo sem trabalhar pesado, Rolando sempre voltava para casa com o rosto cheio de graxa. Na realidade, ele mesmo se sujava para dar a impressão de ter tido um dia exaustivo. A mãe, penalizada, lhe enchia o prato de comida. Não só o dele, também dos outros irmãos, que ajudavam a manter o sustento da família.

Por fim, percebeu que como mecânico não dava mesmo muito certo. A saída foi escolher outra função, e Boldrin disse ao pai que gostaria de ser sapateiro. Foi aprender a profissão que se popularizava com a instalação de fábricas de calçados na região. Aprendeu a fazer sapatos e sandálias e foi trabalhar na fábrica do empresário Chiquinho Mauad, o mesmo da família proprietária da emissora ZYK-4. Um calçado muito procurado na época era a sandália de tiras, batizada de Chiquita Bacana, em alusão ao grande sucesso cantado por Carmen Miranda. Boldrin fazia seis pares por dia dessa sandália, para serem vendidos no comércio local e de outras cidades. Ganhou algum dinheiro e se tornou um sapateiro eficiente e rápido. Assim, começou a ser chamado para trabalhar em outras indústrias. Passou um bom tempo exercendo o ofício de sapateiro, mas ainda era o garoto da música, dos causos e das brincadeiras que então estava no chão de fábrica.

Aos 16 anos, em 1952, a inquietude juvenil começava a provocar insônia. Achava-se maduro demais para ainda permanecer sob a tutela dos pais e tinha planos de trocar a boa e pacata cidadezinha de São Joaquim da Barra pela capital. Combinou com dois amigos de arranjar o dinheiro para fazer a viagem de trem ao custo de 98 mil réis só de passagem. Os amigos tinham o suficiente para a jornada e ele se viu obrigado a agir rapidamente. Pegou a violão que o parceiro Formiga havia aposentado e vendeu por 100 mil réis ao alfaiate Chiquinho Cesário, um conhecido boêmio de São Joaquim. À noite, durante o jantar, comunicou à família a viagem que faria em busca de emprego na capital. O pai ficou orgulhoso e perguntou como seriam cobertas as despesas. Boldrin contou que havia vendido o violão para comprar as passagens e levou um susto ao ver o pai socar a mesa e fazer os pratos pularem, provocando uma sinfonia desafinada do atrito entre talheres e vidros.

– *O quê você fez?* – questionou seu Amadeu, ainda incrédulo.
– *Vendi.*
– *Pois vamos buscar de volta esse violão.*

E assim foi. Com a comida ainda no prato, seu Amadeu levantou-se da mesa e nem precisou pedir ao filho que fizesse o mesmo. Bastou um olhar para que todos se calassem e Rolando seguisse os passos do velho mecânico. Praticamente não houve diálogo com o alfaiate. Apenas uma ordem.

– *Devolve o violão do meu filho. Tome aqui o seu dinheiro.*

Na volta para casa, silêncio. Rolando sentiu como se tivesse tomado a atitude mais errada na vida. Afinal, um presente de pai não se desfaz dessa forma, mesmo que tenha sido para o irmão, que não se interessava mais pelo instrumento. Foi mais uma noite insone. No dia seguinte, para a sua surpresa, o pai o chamou e, com a voz pausada e calma, perguntou se poderia pagar a passagem para o filho viajar a capital. Boldrin, ainda um tanto envergonhado, aceitou e agradeceu. Seu Amadeu passou a mão sobre a cabeça do filho.

– *Tome cuidado naquela cidade, caboclinho, e tenha juízo.*

O desejo de vender um instrumento musical tinha uma explicação. Viver da música não era o único objetivo de Boldrin, que também tentaria a carreira de ator. Fazer rádio-teatro, cinema e, quem sabe, televisão, a nova mídia inaugurada havia dois anos e que era tema de conversas em todos os lugares. Como ator, um dos nomes mais importantes daquele período era Procópio Ferreira, o carioca baixinho, sem cara de galã, "deficiências" compensadas por um enorme talento. Ele havia acabado de lançar no cinema mais um sucesso, *O comprador de fazendas*, baseado em um conto de Monteiro Lobato. As músicas da trilha sonora eram de Hervé Cordovil e Luiz Gonzaga. Procópio fazia o tipo malandro elegante que aplicava golpes em fazendeiros com dificuldades financeiras se propondo a comprar as terras.

Nem precisaria tanto, santa pretensão se comparar a Procópio Ferreira; bastaria ser reconhecido como um ator competente. Foi pensando dessa forma que Boldrin se juntou aos amigos Odair e Pedro para fazer a viagem. Pegaram o trem da Rede Mogiana, que nascia em Araguari, passando por Uberlândia, Minas Gerais, e parava nas estações vizinhas como Orlândia. Os vagarosos deslocamentos entre as estações somaram dez horas até a cidade de Campinas, onde era feita a baldeação para os trens da linha Sorocabana com destino à capital. Mais algum tempo e os três estavam desembarcando na Estação da Luz.

Que mundão, imaginaram os rapazes ao observarem tamanha multidão caminhando apressadamente na cidade cheia de prédios, avenidas largas e barulhentas. Um cheiro estranho no ar, incômodo, uma mistura de óleo diesel, querosene, cigarro, urina, tudo ao mesmo tempo. Era um dia de sol, bonito, um convite a um passeio pelos pontos turísticos: as praças da República e da Sé, o Largo do Paissandu, o viaduto Santa Ifigênia, os cinemas com os painéis de fotos dos filmes em cartaz; os bondes, os ônibus, os carros. Vivenciar a cidade com os olhos de turista foi muito bom. A realidade começou a atrapalhar quando bateu a fome, fome de quem viajou durante horas, de quem andou pela metrópole por um bom período sob o sol, fome e sede dos que estavam ali para vencer.

Boldrin ganhou 100 mil réis do pai, gastou 98 com a passagem e só sobraram 2 mil réis, que mal davam para comprar um pastel. Odair estava liso, ou seja, sem nada. Pedro Vasconcellos, o Baianinho, havia vendido a bicicleta e carregava nada menos que 700 mil réis, uma fortuna nas mãos de três jovens famintos. Foi Baianinho quem patrocinou os lanches dos amigos, não só naquele dia, mas na semana inteira. Fazia muito sucesso no centro da capital o sanduíche bauru, uma criação do restaurante Ponto Chic, no Largo do Paissandu. Rosbife, tomates, queijo, dentro de um pão francês quentinho. Comiam lanches, pelo menos um por dia, e saíam em busca de empregos.

Na hora de dormir, outro problema. Os amigos dormiram na rua durante três dias. Boldrin se ajeitava nos degraus da estátua em homenagem a Ramos de Azevedo, na avenida Tiradentes, esquina com a rua São Caetano, no bairro da Luz. De manhã, cada um ia para um canto à procura de trabalho. Baianinho arranjou emprego de entregador em uma tinturaria da Santa Ifigênia; Boldrin conseguiu trabalho em uma pequena fábrica de calçados na rua Amaral Gama, em Santana, região norte da cidade; enquanto Odair, que tinha o apelido de Toddy, desistiu e voltou para São Joaquim da Barra.

Baianinho ficaria em São Paulo para sempre. Entraria para a Escola de Paraquedismo do Exército e faria carreira como paraquedista. Morreria em um acidente de carro quando já ostentava a patente de primeiro-tenente. Boldrin mantinha um pé em São Paulo e outro em São Joaquim. Na fabriqueta de calçados em Santana, ficou três meses trabalhando, fazendo principalmente sandálias, as famosas Chiquita Bacana, coloridas, com encomendas a todo instante. Em 1952, a região norte de São Paulo tinha ares de interior, com a serra da Cantareira como atração turística e a linha de trem, também com o nome de Cantareira, que passava por bairros ainda em formação. Havia um hospício próximo da serra e um córrego que recebia água límpida que escorria das montanhas. Boldrin dormia na própria fabriqueta, o que possibilitava guardar quase todo o salário. Quando a saudade da família apertava, voltava para casa e ficava por lá uns tempos.

No ano de 1952 quem estava novamente no poder era o presidente Getúlio Vargas, dessa vez eleito pelo voto popular. Depois da experiência da ditadura do Estado Novo, o povo trouxe o "pai dos pobres" de volta ao comando do Palácio do Catete, no Rio de Janeiro, então capital federal, com 48% dos votos válidos. Getúlio havia se candidatado pelo Partido Trabalhista Brasileiro (PTB) e tinha como vice o potiguar Café Filho. Para expressar o sentimento popular, sempre surgia uma marchinha. Tudo acabava em marchinha, e não em pizza como hoje. A marchinha era "Retrato do velho" e Getúlio confessou aos mais íntimos que não gostava da música por causa do termo "velho", que, segundo ele, tirava o dinamismo que pretendia empregar nesse novo mandato com viés desenvolvimentista. O certo é que a composição de Haroldo Lobo e Marino Pinto, gravada por Francisco Alves, o rei da voz, caiu no gosto de todos.

> *Bota o retrato do velho outra vez,*
> *bota no mesmo lugar.*
> *O sorriso do velhinho*
> *faz a gente trabalhar.*

Getúlio Vargas ainda marcaria seu segundo mandato com o *slogan* nacionalista "O petróleo é nosso", pontapé inicial da Petrobras, que, ao lado das siderúrgicas, provocou a migração dos trabalhadores do campo para as cidades. O Brasil urbano se tornava mais competitivo, principalmente para jovens dos rincões do país perdidos na cidade grande.

Numa dessas viagens de São Joaquim a São Paulo, Rolando Boldrin conseguiu carona em um caminhão. Perto de Campinas, o motorista estacionou em um posto de gasolina para abastecer. Chamou Boldrin para fazer uma refeição no restaurante e tomou a iniciativa de conversar com o gerente depois de saber do vaivém do rapaz conterrâneo. Perguntou ao gerente se não teria um emprego para o jovem, que estava sem dinheiro para se virar na capital. A abordagem deu certo. Boldrin foi convidado a trabalhar de garçom e ainda ganharia um colchonete para dormir no próprio restaurante. Durante dois meses atendeu caminhoneiros e viajantes de todo o país. De mesa em mesa, equilibrando a bandeja na mão e dando orientações aos cozinheiros: *"Sai mais dois pratos do dia* [arroz, feijão, bife e ovo frito]" ou *"Uma caninha e uma cerveja"*.

Naquela época não existiam leis que proibissem a bebida em beira de estrada. A maioria dos caminhoneiros, porém, costumava dormir na boleia do caminhão após um almoço regado a cerveja e cachaça. A competitividade entre eles não era rigorosa como na atualidade e os prazos de entrega costumavam ser mais flexíveis.

Boldrin mostrava eficiência na atividade de garçom e facilidade para entreter o cliente. Conversava bastante e contava os causos da cidade onde nasceu, os anos de música da dupla Boy e Formiga e as aventuras por São Paulo. Mas havia algo que incomodava o gerente. O rapaz vestia praticamente a mesma roupa todos os dias. E, nem sempre, ela estava devidamente lavada. Para evitar mal-estar entre os fregueses, o gerente tirou Boldrin do restaurante e o colocou como frentista. A vantagem é que ele ganharia um uniforme, ou melhor, um macacão manchado, típico de quem mexe com graxa e óleo de motor. Lembrava muito o passado recente na oficina mecânica do pai, onde se sujava de propósito para parecer envolvido com as tarefas. Só que no posto ele tinha que trabalhar pra valer e, além do salário, também conseguia muitas gorjetas. Ficou só mais um mês no posto e, com o dinheiro que conseguiu embolsar, voltou para São Paulo.

Soldado número 967 do batalhão do Exército em Quitaúna, Osasco (SP), em 1954.

As idas e vindas se sucederam até Boldrin completar os 18 anos e se alistar no serviço militar na Quarta Região de Infantaria do Exército em Quitaúna, próximo de Osasco. Um uniforme limpo, um alojamento para dormir, quatro refeições por dia, o que mais um jovem poderia querer diante de tantas incertezas em relação ao futuro? Só não contava com a rotina estressante de um quartel. Levantar cedo, antes das cinco da manhã, correr vários quilômetros com mochila nas costas, praticar tiro ao alvo, se arrastar na lama, atravessar rios sem deixar molhar a carabina e dormir ao relento em exercícios de guerra.

Muitas amizades foram surgindo entre os jovens vestidos com o verde-oliva. Uma delas de forma inusitada. Um dia passando diante da carceragem, um dos presos por indisciplina chamou Boldrin.

– *Ô meu, dá um cigarro aí. É você mesmo, dá um cigarro aí.*

Boldrin ficou incomodado com aquele rosto entre as grades e comentou com os outros soldados.

– *Que cara folgado, me intimando a dar um cigarro!*
– *Se eu fosse você eu daria esse cigarro rapidinho* – disparou um dos rapazes.
– *Por quê?*
– *Porque aquele ali é o Madureira!*

Boldrin nunca ouvira falar no Madureira, mas pelo jeito dos companheiros, não seria uma atitude inteligente contrariar o preso.

– *É o seguinte, não quero mais um cigarro, quero o maço inteiro. Vai passando aí esse maço senão, quando sair daqui, eu te arrebento.*

O clima estava piorando e Boldrin achou por bem entregar o que o soldado detido exigia. Anos mais tarde, quando já estava encaminhado na carreira artística, um amigo lhe trouxe um *long play* de um sambista que começava a fazer sucesso. A foto trazia um cidadão de chapéu, camisa listrada e batucando em uma latinha de graxa. Era Germano Mathias.

– *Peraí, esse cara eu conheço* – disse Boldrin. – *Esse tal Germano eu conheci no Exército. Lá ele era chamado de Madureira.*

O tempo passou e, felizmente, Boldrin conseguiu levar Germano Mathias aos seus programas na televisão. E, sempre que possível, os dois se divertiam contando a história do cigarro.

O Exército ainda reservaria outras surpresas ao jovem de São Joaquim da Barra. Em uma manhã de agosto de 1954, todos foram convocados a pegar a indumentária completa da infantaria e subir nos caminhões de transporte. Os oficiais na entrada de cada alojamento reclamavam da demora.

– *Rápido, rápido. Nunca vi soldados tão lerdos.*

Os recrutas foram para dentro dos caminhões, ficaram sentados na carroceria como boias-frias, apreensivos e curiosos. Alguns não tiveram tempo nem de ir ao banheiro e estavam quase urinando nas calças. Não foi informado o trajeto e ninguém sabia o que estava acontecendo. Os caminhões rodaram até a Zona Sul da cidade de São Paulo e entraram na rodovia Anchieta — na época, a moderna ligação entre a capital e a baixada santista. Alguns cochichavam. Diziam ter ouvido algo sobre o presidente da República. Seria um golpe? As tropas da quarta região de infantaria desembarcaram nas docas do Porto de Santos. Somente lá foram informados do suicídio do presidente Getúlio Vargas. Dera um tiro no peito e deixara uma carta testamento. *"Saio da vida para entrar na história"*, concluía o texto escrito de maneira firme pelo gaúcho de São Borja. O comando do governo passava para as mãos do vice, João Campos Café Filho, que completaria o mandato até novas eleições que elegeriam Juscelino Kubitschek.

Os chefes militares temiam reações ao desfecho trágico da era Vargas com possíveis atos de sabotagem no principal porto da América do Sul, fundamental na movimentação da economia do país, com as exportações de grãos, principalmente de café. Havia ainda outro motivo de preocupação: a forte influência no sistema portuário exercida pelo Partido Comunista Brasileiro (PCB), a ponto de o local ser chamado de Porto Vermelho. Embora o PCB tivesse engrossado a oposição a Getúlio Vargas no auge da crise política e no dia do suicídio tivesse programado uma marcha de protesto contra o governo nas ruas da capital paulista, isso não significava adesão aos militares. Por isso, os militares não tinham segurança da complacência dos comunistas de que o momento exigia uma trégua.

Os enormes galpões serviram de dormitório para a soldadesca por vários dias. Como era costume, o dia começava com a ordem unida e depois exercícios físicos para os que não estavam de prontidão, em pé, como estátuas, guardando locais estratégicos enquanto os estivadores cuidavam de embarcar e desembarcar mercadorias dos enormes navios atracados. À noite, a situação mudava. Muitos dos soldados saíam escondidos para frequentar a noite santista, sempre muito animada ao redor do porto. Boldrin organizava as saídas e o grupo elegia alguém para fazer o papel de batedor, ou seja, o avante da tropa encarregado de verificar se há inimigos por perto. No caso, os "inimigos" eram os oficiais que também poderiam estar no balcão de um bar relaxando após um dia cansativo. Com o sinal verde dado pelo batedor, era só entrar e se divertir.

A morte de Getúlio Vargas conturbou ainda mais o ambiente político e administrativo do país. Setores da vida nacional demoraram a se organizar e entrar nos eixos. As Forças Armadas também sentiram o baque. Como consequência, as baixas foram emitidas com atraso. Quem iria passar um ano no exército, como Rolando Boldrin, só pôde sair depois de um ano e meio. Quando deu baixa, recebeu os documentos de reservista de primeira categoria. Tirou também uma carteira de trabalho e ganhou o primeiro registro como empregado de armazém na zona cerealista. Pouco antes de dar baixa, Boldrin e os demais batalhões que estiveram em Santos ganharam licença de fim de semana como compensação pelo trabalho extra desempenhado nas docas. Boldrin aproveitou para visitar a família em São Joaquim da Barra.

– A sua benção, mãe – dizia o recruta ao entrar em casa.

– Deus te abençoe, meu filho.

Só após a formalidade religiosa, mãe e filho se abraçavam para abafar a saudade quase sempre responsável por uma explosão de lágrimas de alegria. A mãe coou um café e mandou chamar todos que naquele momento pudessem ver o quanto o filho estava imponente no uniforme. Boldrin pediu para que não avisassem o avô, que morava com o tio, único irmão de seu Amadeu. O neto queria fazer uma surpresa. Quando se aproximou do portão e viu o avô sentado na cadeira de balanço, gritou:

– A sua benção, vozinho querido.

Seu Mário arregalou os olhos e pediu para que ele parasse.

— Aspetta. *Deixa te ver. Está igualzinho a mim. Que belo* ragazzo. *Me vejo um* carabinieri.

O avô havia sido *carabinieri* em Pádua, na Itália, e costumava contar os casos dos tempos de farda. Falava do respeito e do temor que a população tinha pelos agentes de segurança. Italiano passional dizia que até os muros tremiam quando um *carabinieri* marchava. Na migração para o Brasil, com os dois filhos e a mulher, que morreria meses depois, seu Mário precisou mudar completamente de atividade. Foi trabalhar de pedreiro e costumava contar que ajudou a construir São Joaquim da Barra. Na realidade, fez parte do grupo que ergueu a primeira igreja, substituída anos mais tarde por uma edificação maior. Ajudou a abrir ruas e a construir algumas casinhas em fazendas e na área urbana. Aquele encontro especial, trajando farda do exército, foi o último entre Boy e o avô. No mês seguinte, Boldrin voltaria a São Joaquim para o enterro do velho imigrante.

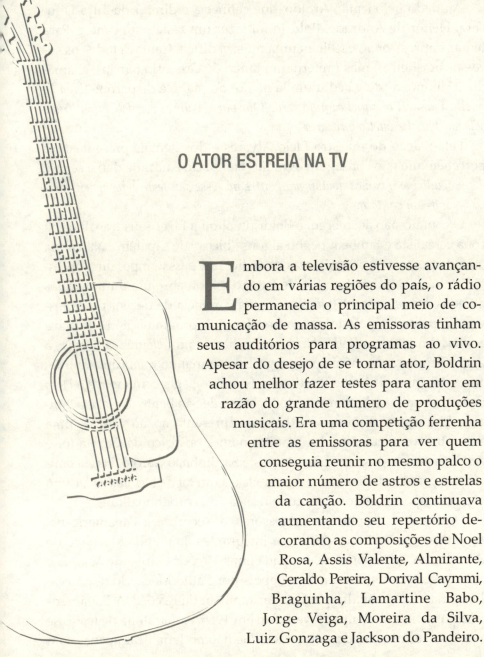

O ATOR ESTREIA NA TV

Embora a televisão estivesse avançando em várias regiões do país, o rádio permanecia o principal meio de comunicação de massa. As emissoras tinham seus auditórios para programas ao vivo. Apesar do desejo de se tornar ator, Boldrin achou melhor fazer testes para cantor em razão do grande número de produções musicais. Era uma competição ferrenha entre as emissoras para ver quem conseguia reunir no mesmo palco o maior número de astros e estrelas da canção. Boldrin continuava aumentando seu repertório decorando as composições de Noel Rosa, Assis Valente, Almirante, Geraldo Pereira, Dorival Caymmi, Braguinha, Lamartine Babo, Jorge Veiga, Moreira da Silva, Luiz Gonzaga e Jackson do Pandeiro.

Sempre que podia, ia cedinho para conseguir um lugar nos auditórios para ver e ouvir os ídolos.

Ajudado pelo irmão Aroldo, que conhecia o diretor da Tupi-Difusora, Heitor de Andrade, Boldrin foi fazer um teste para cantor. Para tentar impressionar, escolheu uma música difícil. Cantava todos os sucessos brasileiros, mas preferiu um tango de Gregório Barrios, chamado "Camino verde". Pediu um lá menor ao piano e disparou: *"Hoy he vuelto a pasar/Por aquel camino verde/Que por el valle se pierde/Con mi triste soledad/Hoy he vuelto a rezar..."*

Pela reação do maestro Élcio Álvares e dos demais presentes, ele percebeu que não conseguiu agradar. Heitor de Andrade deu a senha:

– *Tudo bem, vamos avaliar aqui entre nós esse seu teste e depois entraremos em contato.*

O contato não aconteceu, e Boldrin voltou a fazer seus trabalhos na zona cerealista e também pegou alguns "bicos" de sapateiro. Não abria mão de frequentar as emissoras de rádio, um passatempo, uma obsessão. A Rádio Nacional do Rio de Janeiro reinou absoluta durante duas décadas, e nos anos 1950 ganhava a concorrência de dezenas de emissoras espalhadas pelo território brasileiro. A programação se tornava eclética. Enquanto a Rádio Nacional brilhava com *Calouros em Desfile*, a Rádio Bandeirantes trazia um programa matinal no qual cantavam tenores italianos. Na Rádio Piratininga, Salomão Ésper comandava o *Hora Certa*, transmitido diretamente do Mosteiro de São Bento. A Gazeta também dava espaço à música erudita com apresentação, ao vivo, de uma orquestra completa. Um dos grandes nomes no palco da Gazeta foi o violonista e compositor Aníbal Augusto Sardinha, o Garoto. Havia também programas dedicados à bossa nova e a um tal de *rock and roll*, ritmo que, no início, enfrentou uma certa rejeição dos programadores.

Outras duas importantes emissoras, a Record e a Panamericana, tiveram as trajetórias traçadas por integrantes da família Machado de Carvalho. A Panamericana, fundada em 1944 por Oduvaldo Vianna e Júlio Cosi, foi comprada meses depois por Paulo Machado de Carvalho. A família se dividiu para cuidar também da Record. A Panamericana passaria a se chamar Jovem Pan em 1965. A maratona de testes se mostrava infinita. Boldrin entendeu que não poderia ficar apenas com a música e passou a fazer testes para todas as áreas do entretenimento: locutor, comediante, ator. Em todos os lugares nos quais se inscrevia, recebia vários textos para representar os papéis. Fazia um bêbado, um romântico, um vilão, um humorista. E nada de ser chamado.

A cada frustração, Boldrin retornava a São Joaquim para reencontrar a família e os amigos que fincaram raiz na cidade e lá permaneciam. Chegava a ficar um mês inteiro, até dois, longe da capital. Certa noite, numa roda de bar, em que a bebida principal era a cachaça, Boldrin disse aos amigos que voltaria a São Paulo e só pisaria novamente em São Joaquim depois de se tornar artista. Os amigos jogaram goela abaixo uma boa dose de pinga em apoio à decisão tomada. Só tinha um problema: como fazer a viagem sem dinheiro? Um dos amigos, apelidado Dito Preto, sugeriu que ele falasse com o dr. Fortes, dono do único consultório médico de todo o município. Dr. Fortes era muito popular por agir de forma caridosa. Só exigia pagamento pela consulta de quem tinha condições de arcar com as despesas e costumava dar dinheiro aos que precisavam de medicamento e não tinham o suficiente para custear a receita. Boldrin chegou a trabalhar no consultório dele como ajudante. Tarde da noite, foi até a janela na casa de dr. Fortes e bateu:

– *Doutor, aqui é o Boy, filho do seu Amadeu.*
– *O que está acontecendo rapaz?* – perguntou o médico sem abrir a janela.
– *Eu soube que o senhor vai pra São Paulo e eu queria uma beira* [carona].
– *Não tem problema, você pode vir comigo.*
– *Quando o senhor vai?*
– *Esta madrugada.*

Só deu tempo de Boldrin voltar para casa, se despedir dos pais, dos irmãos e arrumar a mala para a viagem a São Paulo. Ficou ansioso. Queria dormir, mas não conseguiu. Antes de o sol raiar, lá estava ele em frente à casa do dr. Fortes à espera do médico e da esposa, que, justamente, precisava fazer exames na Santa Casa. Dr. Fortes tirou o Nash Embassador da garagem, arrumou a bagagem no espaçoso porta-malas, acomodou os passageiros e acelerou. O veículo Nash, verde claro, ano 1949, fabricado nos Estados Unidos, era o máximo em conforto para a época. Mesmo assim, não impediu que a via Anhanguera, ainda de terra até Campinas, provocasse certo cansaço nos viajantes. No meio do trajeto, que chegava a demorar até seis horas, dr. Fortes parou num boteco à beira do caminho para que todos fizessem uma refeição bem simples, café com leite e pão com manteiga.

De volta à capital paulista, Boldrin resolveu insistir em mais um teste na TV Tupi, dessa vez sem a ajuda do irmão e para a carreira de ator. Apesar da importância do teste, Boldrin manteve a estratégia baseada no improviso. O aquecimento de voz, do corpo e a concentração, tripé preparativo da classe artística, nem passava pela cabeça do matuto que, simplesmente, esperava ir bem naquele desafio. A roupa revelava a simplicidade de sempre. Calça de tergal cinza e camisa social xadrez. O importante seria evitar as falhas. Estar bem disposto. Às sete horas da manhã, ele já estava no saguão de entrada do prédio na avenida professor Alfonso Bovero, no Sumaré, ao lado de outros candidatos, todos com um semblante tenso. Alguns até ensaiavam em voz baixa. Um a um foram chamados. Eram cerca de 30 concorrentes. Chegou a vez de Boldrin, levado até uma cabine de gravação, um lugar com pouco espaço e abafado. Diante dele, estavam os textos que precisaria interpretar. *"Vamos começar. Gravando!"*, gritou o assistente. Os gravadores de rolo foram acionados e o painel com a palavra "silêncio" foi aceso. Boldrin começou a falar. Primeiro, fez um galã em momento romântico, depois um bêbado, um louco, um caipira. Eram dois parágrafos de cada tipo, um teste demorado, que só fazia aumentar a impaciência de quem aguardava para ser chamado. Três dias após as gravações, Boldrin voltou à Tupi para saber o resultado, conforme fora combinado com o diretor Heitor de Andrade. Na portaria, recebeu a notícia: ninguém havia passado no teste.

– *Todos foram reprovados*, dizia o recepcionista. – *Apenas um conseguiu passar, um tal de Rolando.*

A felicidade por entrar para o corpo artístico da Tupi veio acompanhada de muito trabalho. Os selecionados faziam de tudo e, praticamente, moravam na emissora. Pulavam de um programa ao outro, sem cerimônias, na base do improviso. Quase não dava tempo de fazer as refeições na padaria Real, esquina das avenidas professor Alfonso Bovero com a dr. Arnaldo. O lugar era uma espécie de quartel dos artistas, jor-

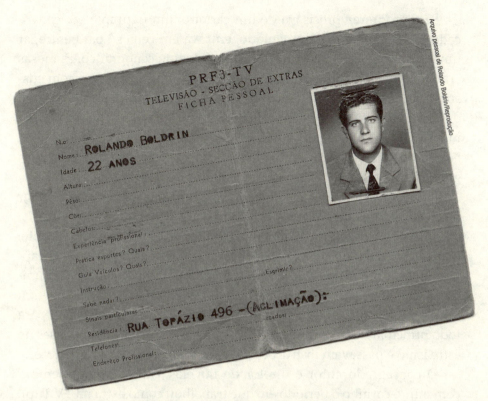

Ficha do primeiro registro de Rolando Boldrin
na PRF-3 (TV Tupi – SP), como ator extra, em 1958.

nalistas e radialistas, no qual circulavam as informações importantes do dia. Os colunistas sociais costumavam bater ponto naquela padaria em busca de informações que dessem uma boa fofoca sobre os famosos.

Boldrin, como outros nomes em começo de carreira, entrou para a lista dos extras, ou figurantes de programação. Plínio Marcos, Fúlvio Stefanini, Walter Negrão, Chico de Assis, entre outros, eram chamados constantemente para entrar em cena ou ler um texto de propaganda, fazer uma ponta (pequena participação) em uma novela de rádio, cantar, tocar e servir de escada para um humorista. Eram cerca de duzentos extras inscritos, homens e mulheres, uma gama enorme de opções – altos, baixos, loiros, negros, gordos, magros –, todos devidamente identificados na lista que o sr. Gaspar carregava numa prancheta.

Se o programa precisava de um carteiro, um figurante era convocado e, devidamente paramentado, entrava em cena só para entregar uma carta. Se a cena ocorria em um restaurante cenográfico, as mesas eram ocupadas pelos extras, que fingiam conversar, sempre com sussurros ou apenas movimentos labiais, para não atrapalhar o diálogo desenvolvido pelos artistas principais. Na TV havia cachê, um pagamento simbólico pela participação. Na emissora de rádio era diferente. Ninguém recebia nada, embora fizessem questão de participar para ganhar projeção. No rádio, eram chamados de "quebra-galho".

O que mais deslumbrava Rolando Boldrin naquela época era circular pelos corredores da sede das Emissoras e Diários Associados (Tupi) e encontrar os ídolos, principalmente da música. A Tupi era uma gigante, equivalente à Rede Globo hoje, e não havia quem não quisesse ser captado pelas câmeras ou microfones desse importante meio de comunicação. Gente de todo o Brasil aparecia por lá. Profissionais que fizeram a história da música, do teatro, da televisão e que são referência para todo principiante trocavam sorrisos e abraços, às vezes tinham crises de estrelismo e passavam instruções aos extras, na verdade, admiradores.

O consagrado autor e diretor de novelas Walter Negrão lembra com muito carinho o período em que trabalhou como extra na TV Tupi, depois de frequentar as aulas de teatro da atriz Vida Alves. O jovem do município paulista de Avaré era um daqueles que passavam boa parte do dia aguardando ser chamado para aparecer em uma cena no teleteatro ou em programa humorístico. Bem-humorado, confessa que enfrentava problemas para ser chamado. *"Havia três extras que eram muito bonitos, verdadeiros galãs: Rolando Boldrin, Fúlvio Stefanini e Cláudio Marzo. Eu era o patinho feio"*, confessa o autor. A partir dessa constatação, Negrão achou melhor escrever e, diariamente, ia ao encontro de Silas Roberg, que adaptava os clássicos para os programas da emissora. Roberg foi quem o ensinou a trabalhar os roteiros. Ao analisar o início de carreira, Walter Negrão exalta a amizade: *"As amizades eram muito profundas e havia muita generosidade nas pessoas acima de nós. Para nós, aquela época foi menos árdua do que é hoje, até porque a concorrência cresceu muito. Dava para trabalhar, escrever, atuar e se mostrar de alguma forma, até para ouvir que não servia"*.

O ator estreia na TV

Olhaí, Jacú!

Não falei que você tinha futuro?
Falando com os guias me veio a certeza
de que êste é o teu ano.
Tô apostando cem contra um que é.
Recebí a capa do disco. Beleza!
Acho que você está com algum tipo de
proteção nas oportunidades surgidas
e na escolha das coisas que vem fazendo
Senão vejamos: um puta disco. um puta
filme. uma puta novela. um puta show.
Disso tudo, o que pode restar? Um
puta Boldrin, claro!
Não me arrependo um minuto de ter
dividido a porção de arroz e o ovo
frito do Jordão contigo.
Perdão se te encho o saco, mas é que
quando ví tua foto no jornal me veio
- logo cedo - a imagem de meu pai
ferroviário. Se o véio Germinal e
sêo Amadeu se encontrarem por lá
vão ser muito amigos.
Um abraço e larga o pau que tu tá com
a bola toda, boy!

Negrão 1º/03/78

Carta do diretor, autor e dramaturgo Walter Negrão. Amigo de longa data de Boldrin, relembra, já depois do sucesso, o prato do dia compartilhado no Bar do Jordão.

Negrão lembra o dia em que viu Rolando Boldrin pela primeira vez. Foi em 1958, no Bar do Jordão, o único dentro da TV Tupi. Ele foi se sentar lá depois de preencher a ficha de inscrição com um pedido de emprego na emissora. Boldrin sentou-se na cadeira ao lado do autor e abriu uma maleta onde havia algumas peças de roupa. Tirou uma gravata, fechou o botão do colarinho e, enquanto dava o nó ao redor do pescoço, puxou conversa:

– *Meu pai, o velho Amadeu, disse que sempre é bom a gente se apresentar arrumado quando procura emprego.*

A partir daí, se tornaram grandes amigos. Dois caipiras sem dinheiro, chegaram a dividir, literalmente, o prato do dia no Bar do Jordão. Até o ovo cozido era cortado na metade. Enquanto batalhavam a carreira artística, viviam tentando ganhar um dinheirinho extra. Certa vez, passaram a comprar macarrão no atacado para vender na cidade de Santos. Esperavam a missa de domingo terminar e ofereciam o macarrão aos fiéis na porta da igreja. Como a macarronada costumava ser o prato do domingo, muitos compravam o produto. Na maioria das vezes, o dinheirinho extra era gasto lá mesmo, na praia, com cerveja e cachaça.

A primeira aparição de Rolando Boldrin em uma cena de televisão se deu em *O processo de Joana d'Arc*. Ele e mais um extra foram chamados para o papel de freis capuchinhos, que são frades seguidores de São Francisco de Assis. Vestem as túnicas marrons amarradas com cordas na cintura. Boldrin e o outro figurante deveriam passar em frente ao cenário de uma igreja antes da entrada em cena do ator principal. Era um tempo no qual não existia o videoteipe, nada era gravado e no palco acontecia como no teatro, ao vivo. Alguns desses teleteatros tinham inclusive plateia. Foi um dia especial para o jovem de São Joaquim da Barra. Ele ligou para um irmão e pediu para avisar a família e toda a vizinhança sobre a estreia no Grande Teatro Tupi, programa semanal de enorme audiência, que alternava drama e humorismo.

Willian Shakespeare, Guimarães Rosa, Rubem Braga, Max Nunes, um desfile de autores num período de primazia pelo texto. Boldrin estava tranquilo nos bastidores à espera de entrar em cena. Seu companheiro aquecia as mãos no que parecia ser um tique nervoso. O contrarregra mantinha o braço levantado numa combinação prévia. Quando abaixasse era o momento dos dois capuchinhos caminharem em frente às câmeras, com passos lentos, cabeça baixa, um gestual de contemplação. Foi uma passagem de 20 segundos, mas que serviu como batismo da primeira figuração. Logo que saiu de cena, Boldrin correu ao telefone e ligou de novo para o irmão. Para a sua alegria, soube que toda a família estava reunida na casa de uma vizinha, grudada diante do televisor. Os pais de Boldrin ainda não tinham condições de comprar um aparelho de TV.

– *Quando você vai aparecer?* – perguntou o irmão.
– *Mas eu já apareci* – respondeu abismado. E completou: – *Não tinham dois capuchinhos diante da igreja? Um deles era eu.*

Boldrin só se esqueceu de avisar que os frades estariam com as cabeças cobertas por capuzes, sem a menor chance de serem reconhecidos.

Ao mesmo tempo em que tentava aparecer na televisão, Rolando Boldrin deixava a voz mais conhecida. Ele foi chamado para substituir, temporariamente, os titulares em programas da Rádio Tupi de grande audiência. Sempre que alguém tirava as férias, lá estava ele colocando o vozeirão para funcionar. Um dos programas era o *Sertão em Flor*, uma novela caipira em que atuou como narrador, cobrindo as folgas do ator Amilton Fernandes, que, mais tarde, se tornaria nacionalmente conhecido no papel de Albertinho Limonta da novela *O direito de nascer*. Em 1955, Boldrin também fez locução para o programa *Alma da terra*, que reunia o compositor Ado Benatti, a atriz Clenira Michel, a Nhá Serena; e o humorista Oscar Pereira Rodrigues, o Saracura. Ele também esteve em um dos momentos marcantes do rádio, o programa *Festa na roça*, um verdadeiro celeiro de artistas que ficou 35 anos no ar. Exibido às seis da tarde do domingo, com plateia, contava sempre com Mazzaropi e o seu inconfundível personagem, o Jeca Tatu.

Foi nessa época que Rolando Boldrin achou que precisava melhorar a aparência, mas quase sempre sem dinheiro ficava difícil trocar a roupa surrada por outra mais elegante. Não se sentia bem desfilando constantemente com os mesmos trajes diante do contingente de astros e estrelas. O lugar para dormir já estava resolvido. Um quartinho nos fundos da casa da atriz Maria Vidal, lá mesmo na avenida da Tupi. Ele dividia as despesas com outro figurante. Só faltava, então, uma roupa especial. A agonia terminou quando três irmãos mais velhos de Boldrin resolveram se juntar para comprar um terno que o artista da família passaria a usar. Apesar de serem três salários para comprovar renda, só foi possível comprar o terno azul marinho a prestação nas lojas Garbo da Praça Patriarca, em São Paulo. Ele usou aquele terno até que o tecido ficasse desbotado. Não comprou outro. Preferiu voltar ao velho estilo mais descontraído.

No quartinho alugado, Boldrin fez o seu refúgio longe da casa dos pais. Uma cômoda de roupas, a cama de molas um tanto barulhenta, espelho, rádio Zenith AM-FM, o violão, livros, roteiros e papéis em branco para momentos de inspiração. A tese do ócio criativo não era difundida, mas pode-se dizer que Boldrin já colocava em prática a teoria que fala do trabalho com satisfação e diversão. Pensava sempre em aprimorar o desempenho como ator, dar sangue em retribuição à chance recebida na maior rede de comunicação da época. Era se dedicar ao máximo e esperar pelos frutos no futuro. A saudade da família ele resolvia com telefonemas e viagens a São Joaquim sempre que possível. Outro aspecto do ócio criativo, ou seja, gastar mais tempo com gente amiga e amada.

A vida de figurante foi marcada por episódios que, hoje, alimentam as conversas de Rolando Boldrin com o público. São os chamados causos, tão aguardados a cada espetáculo. Ele se lembra muito bem de um dos maiores sucessos da TV Tupi a partir de 1954, quando a emissora estreou o seriado *O falcão negro*. Criado pelo autor e diretor Péricles Leal, tinha como protagonista o ator José Parisi, figura elegante, forte e que não gostava de dublês. Parisi se tornou um herói do público infantil, atuando nas aventuras de capa e espada, uma espécie de Zorro brasileiro. Os ensaios do programa aconteciam à tarde e, à noite, ele era transmitido ao vivo direto dos estúdios do alto do Sumaré. Um trabalho cheio de improvisação porque era difícil se manter dentro do roteiro, sobretudo em cenas de luta, nas quais muitos dos personagens morriam ou ficavam gravemente feridos. Ao final, a justiça era feita, os inocentes, soltos, e a paz, restabelecida.

As lutas com José Parisi provocavam rumores entre os figurantes. O ator exigia que os sopapos, agarrões e pontapés fossem reais, para impressionar o público no ápice da trama. Eram imagens de forte emoção. Boldrin cansou de levar esses sopapos. Em alguns momentos, aconteciam desentendimentos. Os mais exaltados reagiam e era preciso a intervenção dos produtores e cenógrafos para a contenda não debandar em briga generalizada. Houve um episódio em especial que entrou para a história da televisão. Era um capítulo importante: o Falcão Negro entraria no castelo onde um rei escravizava os súditos. Rico e sanguinário, o rei morreria numa luta feroz contra o herói, que, para alcançar o trono, teria que derrubar a segurança pessoal do monarca, soldados bem armados e preparados para o combate. O ensaio naquela tarde deixou alguns feridos. Gente que saiu do estúdio reclamando da maneira como Parisi jogou os colegas no chão. Havia sangue em cotovelos, joelhos e testas. O próprio rei ficou bem machucado. À noite, quando o episódio foi ao ar, os já doloridos figurantes foram caindo um a um na passagem do Falcão Negro. Era hora do confronto final. Cara a cara estavam o espadachim astuto e o rei impiedoso. Com um gesto brusco, o Falcão Negro atirou longe o florete e disse: *"Contra você eu não preciso de armas. Vou matá-lo com minhas próprias mãos."* O rei, que se lembrava da surra da tarde, preparou uma surpresa ao incansável Parisi. Ao invés de partir para a luta começou a fazer caretas, engasgar, como se estivesse passando mal. Colocou as mãos no pescoço, virou os olhos, enquanto Parisi olhava sem entender o que acontecia. Nada daquilo havia sido combinado. De repente, o rei desabou no chão. Abriu os braços e ficou imóvel segurando a respiração. Era o fim do nobre opressor. Apanhado de surpresa, José Parisi pensou, pensou. Precisava achar uma saída para aquela situação, mostrada ao vivo para todo o país. Parisi caminhou até o "corpo" do rei e procurou alguma reação dando um chute no sujeito. Depois, olhando fixamente para a câmera, concluiu: *"O miserável era cardíaco"*.

O monarca que pregou a peça em Parisi era Augusto Machado de Campos Neto, um piracicabano mais conhecido como Machadinho. Um dos pioneiros da televisão, Machadinho fez teleteatro e novelas durante meio século de carreira, tendo, inclusive, atuado em *Beto Rockfeller*, sucesso em 1970, que projetou o ator Luiz Gustavo.

De tanto apanhar, Rolando Boldrin percebeu que precisaria buscar alternativas para se destacar em meio aos figurantes, todos atores de primeira linha. Precisava de uma oportunidade e ela veio com o programa *Os grandes erros judiciários da História*, uma criação do cineasta e roteirista Walter George Durst. Em um episódio, seria contada a história do norte-americano Caryl Chessman, que ficou conhecido como o "Bandido da Luz Vermelha" no final da década de 1940 e foi condenado à pena capital por assaltos, sequestros e estupros. Ficou vários anos no corredor da morte em um presídio da Califórnia. Teve tempo de escrever um livro e de promover uma discussão nacional sobre a pena de morte, a ponto de conseguir o adiamento da execução muitas vezes no último minuto. Walter George Durst se encontrou com Boldrin e pediu um favor. Precisava de alguém que caminhasse por um corredor, como se fosse o corredor da morte. Só os pés seriam mostrados, enquanto a narração, feita por Lima Duarte, destacaria os últimos momentos de vida do criminoso. O roteiro previa o seguinte: *"Não há mais saídas para Caryl Chessman, sua vida de crimes está se esvaindo. Não há mais apelações. O governador do estado da Califórnia negou-se a conceder o perdão. Depois de sete apelações bem-sucedidas à Suprema Corte americana, desta vez tudo deu errado para o criminoso que se diz inocente. São seus últimos passos em direção à câmara de gás. Daqui a alguns instantes o processo que durou doze anos terá um ponto final"*.

Boldrin, porém, achou que poderia ampliar a participação e conseguiu duas fotos de Caryl Chessman. Pediu ao maquiador da TV Tupi que tentasse deixá-lo o mais parecido possível com o tal bandido. E o trabalho feito pelo profissional da maquiagem foi mesmo extraordinário. Massa de modelar deixou o nariz mais avantajado e as tintas escureceram os cabelos, que ainda carregavam um topete. Boldrin ficou bem parecido com o condenado à morte. Durst ficou impressionado quando viu o ator caracterizado e decidiu fazer a cena não apenas com os pés. Boldrin apareceria de corpo inteiro com direito a closes no rosto.

A narração de Lima Duarte, apoiada por uma trilha sonora de músicas de suspense, acompanhou o ator na última refeição, o perdão concedido por um padre e o caminhar lento na penumbra do corredor: *"Manhã do dia dois de maio de 1960, após nove minutos de sofrimento, trancado em uma câmara de gás, Caryl Chesmman, com 38 anos de idade, encerrou a longa agonia: dele e dos familiares das vítimas. Passou doze anos no corredor da morte. Preso em uma rua de Los Angeles em 23 de Janeiro de 1948, era acusado por roubos, sequestros e estupros na colina de Hollywood."*

O programa também promovia um debate com juristas, advogados e outros especialistas. Naquela noite, os participantes concluíram que houve irregularidades no julgamento de Chessman, o que justificava o nome do teleteatro.

Com participações no programa de auditório *Festa na roça* da Rádio Tupi, aos domingos, às seis da tarde, Boldrin fez amizade com Mazzaropi, nome que se tornaria eterno como representante do autêntico caipira, gente com um talento extraordinário de superar dificuldades, sejam elas quais forem, de um modo simples e criativo. Era essa imagem de sabedoria ingênua que Mazzaropi transmitia, principalmente após encarnar o personagem Jeca Tatu. Visionário e ousado, Mazzaropi sabia como entreter a plateia e partiu logo para o cinema, produzindo em 1958 o filme *Chofer de praça*. Para conseguir o dinheiro, ele hipotecou a casa onde morava com a mãe no bairro de Santa Cecília, contratou um elenco de primeira linha, atores e cantores, grandes nomes da época. Uma das músicas do filme, "Onde estava o meu amor", era cantada pelo jovem Agnaldo Rayol. Na direção estava Milton Amaral. O sucesso do filme foi estrondoso. Só tinha um detalhe: quase tudo foi feito pelo produtor, o próprio Mazzaropi, que era obrigado a levar as cópias do longa-metragem aos cineteatros do interior de São Paulo e, mais tarde, a outros estados.

Como precisava viajar para fazer a distribuição do filme, Mazzaropi teve a ideia de promover quadros de humor ao vivo nos cinemas antes de rodar a fita. Convidou Rolando Boldrin para ser seu companheiro de palco e, devidamente acomodados numa rural Willys, passaram a percorrer cerca de 30 cidades. Jundiaí, Campinas, Ribeirão Preto, Araraquara, Limeira, entre outras, foram algumas das que tiveram ingressos esgotados como reconhecimento a um dos artistas de maior prestígio do país. O motorista da rural Willys era Francisco di Franco, também iniciante na carreira de ator como galã de fotonovela. O filme conta a história do casal Zacarias (Mazzaropi) e Augusta (Geny Prado) que se muda do interior para a capital paulista para ajudar o filho (Celso Faria) que entrou para a faculdade de Medicina. Zacarias vai trabalhar de chofer de praça (taxista), dirigindo um calhambeque 1928, enferrujado e barulhento. O filho finge ser *playboy* e tenta namorar uma moça rica, mas é desmascarado quando Zacarias conhece a família da pretendida do rapaz.

Os horários das sessões de cinema variavam: 11h, 15h, 17h, uma estratégia para não prejudicar as missas do período da manhã ou do começo da noite.

"Senhoras e senhores, crianças recebam com um caloroso aplauso... Mazzaaaarooopiiii!" O anúncio era feito geralmente pelo próprio dono do cinema, muitas vezes na figura de um político interiorano, que não perdia a chance de ganhar mais uns votos. E lá entravam Mazzaropi e Rolando Boldrin para interpretarem uma sequência de conversas cheias de humor. Um dos assuntos mais comentados na imprensa mundial era o lançamento do Sputnik, o primeiro satélite artificial da terra enviado ao espaço pela então União Soviética, meses antes do filme entrar em cartaz.

> **Mazzaropi:** *O pessoar ficam mandando esses foguetes pro espaço. Já imagino se o Sputnik fura a lua?*
> **Boldrin:** *Não tem perigo, Mazzaropi. É tudo bem calculado.*
> **M:** *Não tem perigo... Vai que a lua cai na nossa cabeça!*
> **B:** *Isso é coisa moderna. É a exploração científica do espaço.*
> **M:** *Engraçado. Então, qué dizê que cansaro de explora nóis aqui embaixo, agora querem explorá lá em cima.*

Ainda sobre a corrida espacial, outra conversa:

> **Mazzaropi:** *Se eu segurá um bambu, eu consigo cutuca a lua?*
> **Boldrin:** *Claro que não, Mazzaropi, a lua tá muito alta.*
> **M:** *E dois bambu?*
> **B:** *Mesmo assim não dá, Mazzaropi.*
> **M:** *E o bambuzal inteiro?*
> **B:** *Mazzaropi, deixa disso.*
> **M:** *Mas tem que vê como ocê tá segurando o bambu. Seu bambu tá em pé, esticado, ou tá assim de lado, atravessado?*

O gestual de Mazzaropi, cheio de malícia, o jeito único de lançar um sorrisinho maroto, fazia a plateia gargalhar. E enquanto a plateia se divertia, Francisco di Franco fiscalizava a bilheteria. Depois de conferir quantas pessoas ocupavam as cadeiras, ele entregava a conta ao dono do cinema. O acerto era sempre metade do faturamento para Mazzaropi.

Essa toada durou um mês, em algumas ocasiões, percorrendo duas cidades no mesmo dia. Mazzaropi ganhou muito dinheiro na empreitada e seus auxiliares – Boldrin e Chico di Franco – também voltaram com os bolsos cheios. Mazzaropi não só quitou a hipoteca da casa da mãe como também montou sua própria companhia cinematográfica, a Amácio Mazzaropi Filmes, tendo como base um sítio em Taubaté (SP), onde hoje funciona o museu em homenagem ao artista. Foi um período de enorme aprendizado para Boldrin, que se sentiu compensado pelos sacrifícios da vida de ator. Boldrin ainda seria convidado para uma segunda temporada de excursões ao interior com Mazzaropi, um período mais curto de apresentações, mas, da mesma forma, com estrondoso sucesso. Sempre que chegavam a uma nova cidade, a trupe ia "catituá" nas emissoras de rádio. Isso é, iam dar entrevistas para divulgar o filme. Mazzaropi deixava que Boldrin falasse bastante, explicasse o enredo e se promovesse. Um dos atributos de Mazzaropi era a generosidade.

Ao se ausentar para as viagens, Boldrin fez muita falta na Tupi, afinal era um faz-tudo na rádio e na TV. Para não perdê-lo em outras excursões, a emissora decidiu contratá-lo com carteira assinada, passando a ganhar 8 mil cruzeiros, a moeda da época. Como figurante, Boldrin fez dezenas de peças televisionadas divididas entre os programas TV de Vanguarda, TV Comédia, Teatro Walita, Grande Teatro Tupi e o Contador de Histórias. Era um trabalho primoroso de adaptações de pioneiros como Cassiano Gabus Mendes, Walter George Durst e Lídia Costa. Na lista de trabalhos com participação de Boldrin estão *O mordomo e a dama* (J. M. Barrie); *Clara dos Anjos* (Lima Barreto); *Iaiá Boneca* (Ernani Fornari); *Morte, dinheiro e jogo* (Q. Patrick): *Acre e doce círculo* (Silas Rosberg); *Sangrando na chuva* (Evan Hunter); *Os nossos amigos* (Mari B. Post); *A gaveta poeirenta* (Harry Munheim); *O último dos*

Morungabas (Galeão Coutinho); *A hora e a vez de Augusto Matraga* (João Guimarães Rosa).

Como contratado, seu primeiro trabalho surgiu de uma oportunidade, que se tornou um desafio. Walter George Durst estava adaptando *O cordão*, de Artur Azevedo, e reservara o papel principal ao consagrado ator Dionísio Azevedo. Ele faria par romântico com uma bela jovem em início de carreira, Suzana Vieira. O enredo conta a história de dois amigos que se apaixonam por duas irmãs, filhas de um folião, organizador de festas de carnaval. A obra é do início do século XX, os desfiles de cordões carnavalescos eram vistos como entretenimento de pessoas desocupadas, malandras. Os dois amigos tentam resgatar as jovens desse ambiente, que não consideravam adequado a moças puras. Estava tudo pronto para a apresentação dali a quatro dias quando Dionísio Azevedo adoeceu. Foi parar na cama, febril e sem condições de se levantar. Durst costumava não se abalar em situações adversas, sabia da qualidade do elenco à sua disposição. Foi até Rolando Boldrin e disse que ele ficaria com o lugar de Dionísio em *O cordão*, mas, para isso, precisaria decorar as falas e treinar a interpretação em apenas três dias. Boldrin pegou o roteiro, um calhamaço que mais parecia um livro de tão extenso, foi para o seu quartinho alugado na avenida professor Alfonso Bovero e ficou até as cinco horas da madrugada trabalhando o personagem; resolveu tudo numa só noite. Logo pela manhã, apesar do semblante abatido e dos olhos vermelhos, encontrou com Durst e disse que estava pronto para iniciar os ensaios. O diretor ficou feliz, mas fez de conta que não estava impressionado:

– *Então vamos começar o ensaio. Peça à maquiagem para melhorar essa sua cara. Você parece que nem dormiu!*

A partir daí, Boldrin entrou para a elite da dramaturgia nacional. Veio *Oceano Guiomar*, de Gianfrancesco Guarnieri e Roberto Freire, e lá estava ele ao lado de Geórgia Gomide, Lima Duarte, Eduardo Abbas e Elísio de Albuquerque. Benjamin Cattan foi outro nome importante nas adaptações do teleteatro. Em *O auto da compadecida*, de Ariano Suassuna, Boldrin fez o personagem Xicó e contracenava com Vida Alves, a protagonista do primeiro beijo na TV brasileira.

O ator estreia na TV

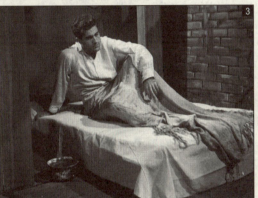

Fotos: Raymundo Lessa de Mattos/Arquivo pessoal de Rolando Boldrin

Boldrin, no ano de 1959, em início de carreira, atuou em diversos papéis no Teleteatro da TV Tupi:
1. Com Gilberto Rondon ao centro e Xisto Guzzi na cadeira.
2. Com Lima Duarte e Gibi.
3. Na cama, em cena.
4. Com Rondon e Rizzo.
5. Com Laura Cardoso.

O repertório de Benjamin Cattan incluiria *Réquiem para um tamborim*, com Rolando Boldrin, Amilton Fernandes, Geórgia Gomide e Elísio de Albuquerque; *Napoleão e Maria Valesca*, com Guy Loup, Boldrin, Percy Aires e Elk Alves. De tempos em tempos, surgiam adaptações que caíam no gosto popular. Superavam os roteiros das demais. Às vezes, pelo carisma dos intérpretes, e, em outras, pela criatividade e ousadia do texto. No período como figurante, Boldrin participou de *O último bandido* (a história de Billy The Kid), do autor Gore Vidal. A encenação foi exibida em 20 de julho de 1958 e contou no elenco com Dionísio Azevedo, Geraldo Louzano e Fernando Baleroni. Era a história do famoso fora da lei, morto aos 22 anos, depois de aterrorizar os Estados Unidos com assaltos e assassinatos.

A cena marcante do teleteatro *O último bandido* aconteceu sem querer. Cassiano Gabus Mendes (produção) e Walter George Durst (adaptação) decidiram utilizar mais de um estúdio para fazer uma superprodução com cavalos e cenários mais realistas que os usuais. Um dos estúdios tinha a entrada do *saloon*, com a tradicional meia-porta vaivém, um cocho com água ao lado do travessão para amarrar o cavalo. No outro estúdio, estava o interior do *saloon*, onde aconteceria um tiroteio entre bandidos. A chegada de Billy The Kid e comparsas foi primorosa. Som de galope e três cavalos se aproximaram do *saloon*. Os pistoleiros desceram e amarraram os cavalos. As esporas nas botas tilintavam na caminhada. Dentro do *saloon*, os inimigos se encararam, fizeram ameaças mútuas e sacaram as armas dando início ao tiroteio. O contrarregra começou a estourar as espoletas enquanto outro espalhava fumaça para dar mais dramaticidade à feroz troca de tiros. Só não esperavam que os cavalos ficassem assustados com os estampidos e começassem a dar coices e arrebentar o cenário. Tudo veio abaixo. Os cavalos desesperados buscavam uma saída passando sobre equipamentos e colocando a equipe de produção para correr. O diretor de TV demorou a perceber que aquela confusão não estava ensaiada e, somente após longos quarenta segundos, colocou o *slide* na tela com os dizeres: "*Estamos fora do ar por problemas técnicos*". Na sequência, entrou uma série de comerciais, talvez a mais longa da história da TV, algo em torno de 15 minutos de propaganda, para permitir que a equipe de cenografia, com martelo e prego em mãos, consertasse o cenário. Os cavalos não voltaram mais aos estúdios e Billy The Kid pôde, então, morrer atingido pelos tiros do delegado Pat Garret.

O aluguel das roupas e objetos de época, como capa e espada e figurino de faroeste, era feito na Casa Teatral, uma imensa loja de figurinos na região central de São Paulo, criada por uma família de atores italianos. Boldrin voltaria a vestir o chapéu de caubói e o cinturão com dois revólveres no coldre na produção *Billiziquidi*, do dramaturgo e cineasta Chico de Assis. O título era uma referência ao apelido do ajudante de um borracheiro em um posto de gasolina – o jovem com problemas mentais fora abandonado pela família e criado pelo borracheiro (José Parisi), um fanático por histórias de bangue-bangue e que tinha o legendário Billy The Kid como o vilão favorito. Gravado em U-Matic, o primeiro sistema de videoteipe em cartucho, *Billiziquidi* tinha passagens que remetiam a revistas em quadrinhos. Conhecidos do ajudante de borracheiro viviam fazendo troça dele e, um dia, o fazem vestir uma roupa de mocinho texano. A partir daí, a gozação só aumenta. Um dos conhecidos desafia Billiziquidi para um duelo. A cena é no meio da rua. Olhos nos olhos e tiros com cartuchos de espoleta. O outro cai no chão. Billiziquidi acha que matou mesmo o adversário e se desespera. Quer se entregar à polícia, começa a chorar, quando o rapaz que estava se fingindo de morto se levanta e começa a gargalhar. Irritado, o rapaz volta para casa e apanha uma arma de verdade, guardada pelo borracheiro. Ele quer se vingar dos gozadores. Na cena final, Billiziquidi está à beira de uma estrada, montado em um cavalo e cercado pela polícia. A atriz Maria Isabel de Lizandra faz uma personagem que se mostra dividida entre pena e paixão pelo caubói tupiniquim. Ela se propõe a conversar com ele para tentar evitar uma tragédia. Após um emotivo diálogo, ela se vira para os policiais e mostra que conseguiu desarmá-lo. Com os braços levantados, Billiziquidi se entrega e caminha em direção aos policiais. Um deles (John Herbert) grita:

– *Ele tem outra arma.*

E o delegado avisa:

– *Não toque nessa arma, senão atiro.*

Billiziquidi, então, esclarece:

– *Essa daqui é de brincadeira. Eu mesmo fiz, quer ver?*

Ao tirar a arma de brinquedo da cintura, o homem que vivia a ilusão de ser um herói das terras poeirentas do Texas, recebe um balaço mortal no peito. Agoniza, geme de dor e morre.

Certamente, seu Amadeu vibrou com a cena. O pai de Boldrin, fã ardoroso dos filmes de faroeste, viu o filho realizar o seu sonho. Seu Amadeu chegou a enviar aos estúdios de cinema de Hollywood fotos fantasiado de caubói se oferecendo para contracenar com os grandes astros da telona. Um dia, para sua surpresa, recebeu uma resposta do Estúdio RKO: "*Só serve para bandido*". Boldrin comprou os direitos autorais de *Billiziquidi* junto a Chico de Assis e pretendia levar a obra para o cinema, mas outros trabalhos o obrigaram a adiar o projeto. Agora que o tempo passou, ele precisaria encontrar outro mocinho para o papel principal.

Seu Amadeu, pai de Boldrin, em foto enviada
para os estúdios de Hollywood.

O ator estreia na TV

Rolando Boldrin, como soldado, participando da primeira gravação em videoteipe da TV brasileira, ao lado de Luiz Gustavo (Hamlet) e Lima Duarte (Horácio), na década de 1960.

A partir de 1963, a TV Tupi sofreu um baque com parte do elenco migrando para a TV Excelsior de São Paulo, canal 9, que despontava com seriados de grande repercussão, como a produção norte-americana *Dr. Kildare*, personagem do ator Richard Chamberlain. Boldrin permaneceu na Tupi na companhia de Aracy Balabanian, Marcos Plonka e Elias Gleizer. A Excelsior ofereceu ao público uma novidade: a telenovela diária. O gênero de dramas em capítulos já existia no rádio desde 1951, mas, ao ser transportado para a TV, revolucionou a programação das emissoras. A ideia foi de Edson Leite, depois de uma viagem à Argentina, onde viu novelas transmitidas sempre no mesmo horário. A novela de estreia na Excelsior foi *2-5499 ocupado*, que narrava o drama de uma presidiária, interpretada por Glória Menezes, que trabalha como telefonista na própria prisão e que se apaixona pela voz de um desconhecido, nada menos que Tarcísio Meira. Glória Menezes e Tarcísio Meira se casaram na vida real e formaram a dupla de maior prestígio da TV brasileira.

A Tupi teve uma experiência com telenovela, que na época, início da década de 1950, foi chamada de seriado, com *Sua vida me pertence*, criado e dirigido por Walter Foster, que também fazia o personagem principal. Ele contracenou com Vida Alves em 15 capítulos de uma trama de amor e desprezo. Mas, naquele verão de 1963, a situação não permitia mais experiências. A Tupi sabia que era preciso reagir rápido ao bom desempenho da Excelsior. Cassiano Gabus Mendes, diretor artístico, convocou o elenco de todos os programas para uma reunião, a qual, na realidade, era um anúncio de estratégia de trabalho. Espremidos no estúdio, atores, atrizes, roteiristas, produtores e *staff* técnico ouviram o pragmático Cassiano informar que, a partir daquele momento, a emissora do Sumaré passaria a produzir telenovelas. A reação ao aviso foi das melhores. Um aplauso estrondoso. Para todos, significava trabalho contínuo e por longos períodos.

A novela de estreia foi *Alma cigana*, de Ivani Ribeiro. A produção trouxe junto outra novidade, a gravação em videoteipe. Os capítulos não precisavam mais ser ao vivo, como acontecia com o teleteatro. Agora poderiam adiantar o trabalho. Gravar antecipadamente para exibir depois. A trama, baseada no original de Manuel Muñoz Rico, trazia a atriz Ana Rosa em papel duplo: de dia ela era a irmã Estela, uma religiosa, e à noite era a cigana Esmeralda, que dançava em cabarés. O público discutia se Estela e Esmeralda eram a mesma pessoa, com dupla personalidade, ou irmãs gêmeas. No elenco desse trabalho pioneiro estavam Amilton Fernandes (Capitão Fernando), Rolando Boldrin (Afonso), Marisa Sanches (Carlota), Elísio de Albuquerque (Dom Rafael), Marcos Plonka (Doutor Vilares), Maria Célia Camargo (Madre Angélica), Rildo Gonçalves (Diego), Néa Simões (Irmã Tereza), Gilberto Martinho (Barrabás), David José (Mike), Percy Aires (Cândido), Clenira Michel (Nira) e Aída Mar (Madre Sora)

A Excelsior contra-atacava com *A moça que veio de longe*, também de Ivani Ribeiro e dirigida por Dionísio Azevedo. Era uma espécie de Gata Borralheira moderna. A moça pobre do interior vai trabalhar na casa de uma família rica e se apaixona pelo filho do patrão. O par romântico tinha Rosa Maria Murtinho (Maria Aparecida) e Hélio Souto (dr. Raul).

A Tupi não deixaria por menos e produziria aquela que é ainda considerada pelos fãs a melhor do gênero em todos os tempos: *O direito de nascer*, do autor mexicano Félix Caignet – uma novela que começa com um capítulo à parte. José Bonifácio de Oliveira Sobrinho, o Boni, havia viajado ao México, onde conseguiu a liberação da obra. Quando recebeu o *script*, percebeu que o roteiro era adaptado para o rádio, sendo necessário fazer modificações para levá-lo à TV. Boni ofereceu à Record, que não gostou do enredo. Ele, então, conversou com Cassiano Gabus Mendes, que aceitou levar a história às telas. No projeto, a Tupi se associou à TV Rio, do então estado da Guanabara. *O direito de nascer* revelou o conceito do dramalhão mexicano, embora a trama se passasse na ilha de Cuba: A filha de um casal de fazendeiros riquíssimos tem um filho com um amante. Os pais não aceitam aquela situação e, quando o menino nasce, mandam um capataz matar a criança no meio de um cafezal. Uma empregada negra da fazenda, de nome Dolores, descobre o plano e evita que o recém-nascido seja assassinado dando um tiro no capataz, que desmaia. A empregada foge levando o bebê e a mãe da criança vai parar num convento, onde se torna freira. O tempo passa e o menino Alberto Limonta, apelidado Albertinho, se torna médico e, numa dessas reviravoltas do destino, salva a vida do avô, sem saber de quem se tratava. No final, tudo se resolve e o jovem branco criado por uma negra se casa com uma linda moça. Maria Helena (Nathalia Timberg) era a mãe de Albertinho Limonta (Amilton Fernandes). Isaura Bruno era a Mamãe Dolores e Guy Loup interpretou a jovem Isabel Cristina, a amada de Albertinho. Rolando Boldrin faz o personagem Ricardo de Monte Verde, que se casa com Dora, irmã mais nova de Maria Helena.

O direito de nascer estreou em 7 de dezembro de 1964 e teve 160 capítulos. O encerramento foi tão eletrizante que levou a Tupi a fazer dois eventos com todo o elenco e os diretores Roberto Talma, Lima Duarte e José Parisi. Um dos espetáculos foi no ginásio do Ibirapuera em São Paulo; o outro, no Maracanãzinho, no Rio de Janeiro.

A novela proporcionou ao ator de São Joaquim da Barra uma passagem engraçada, que entrou para a lista de causos contados de vez em quando. Era comum os atores saírem juntos à noite logo após as gravações das novelas. O trabalho, realmente desgastante, consistia em ensaios e mais ensaios, adaptações de última hora, problemas técnicos, novas marcações de luz, desentendimentos. Eram batalhas diárias e, para relaxar, o fim do dia costumava ser regado a cerveja e pinga. Num desses encontros noturnos, Boldrin nem se deu conta do quanto havia bebido de cachaça. Ficou trançando as pernas. No meio da madrugada, na hora de ir embora, ele teve uma ideia. Lembrou-se de que havia um cenário que representava um quarto de convento, onde a atriz Nathalia Timberg (freira Maria Helena) passava parte da trama e que tinha uma cama de solteiro com um colchão alto, um convite ao sono. Não teve dúvidas e, mesmo estando um tanto embriagado, foi até a Tupi e convenceu o segurança de que precisava apanhar alguns objetos em seu armário – todos os artistas tinham um armário trancado a cadeado. Boldrin tinha apenas algumas horas para descansar antes do reinício das gravações, a partir das sete da manhã, quando chegavam os profissionais da equipe técnica. Dentro do estúdio, esticou o corpo na cama de solteiro e apagou. Um barulho da pesada porta antirruído se abrindo o fez despertar. O ator olhou para o teto e ficou sem saber onde estava. Tudo era estranho. Olhou para frente e viu um relicário com a imagem de Nossa Senhora.

"Meu Deus, será que eu morri?", pensou diante da cena inusitada. Com a cabeça ainda zonza, deu alguns passos e deixou o cenário. Só então se deu conta de que estava na emissora do Sumaré, mas não imaginava como fora parar ali. Foi até o banheiro, lavou o rosto, ajeitou a roupa e, quando entrou no corredor, deu de cara com um dos cinegrafistas:

– *Já chegou, Boldrin, tão cedo.*
– *É, eu moro aqui pertinho. Será que a padaria já abriu? Tô doido pra toma um café.*

Preso às raízes, Boldrin visitava a cidade natal sempre que podia. Embora tenha se tornado conhecido do público, não deixava de fazer o que mais gostava: rever a família e os amigos. Era muita conversa, muita música, regada a pinguinha de preferência. Quando Boldrin chegava, o dentista Aniz João pendurava a bandeira do Brasil num mastro junto à janela e saia para um passeio com o ator, não se importando se havia clientes na sala de espera. Aliás, quando havia muitos clientes, ele escapava pela janela. Tocava violão e acompanhava Boldrin nas serenatas. Outro era o Dito Preto, engraxate da barbearia da praça. Dito Preto é

O ator estreia na TV

O amigo de infância
Benedito da Silva, o "Dito Preto".

sempre lembrado em causos nos programas apresentados por Boldrin. Ele costuma contar que, numa dessas bebedeiras, de madrugada, os dois – Dito e Boldrin – entraram na casa paroquial e pegaram a imagem de São Joaquim. Iam fazer uma serenata para uma pretendida de Dito Preto segurando a imagem, porque a moça era de uma família muito religiosa. Depois da cantoria, devolveriam a imagem na paróquia. Mas isso não aconteceu. Estavam tão bêbados que não conseguiram fazer a serenata. Boldrin acabou levando a imagem do santo para casa, não imaginando que o "empréstimo" tivesse consequências maiores. Dito Preto, que costumava se gabar das façanhas enquanto engraxava sapatos, contou sobre o furto da imagem e a história foi parar nos ouvidos do delegado, que mandou prendê-lo. Precisou que Boldrin voltasse de São Paulo para devolver a imagem, que permanecia na casa dos pais, e esclarecer o ocorrido para que o amigo deixasse a cadeia.

O padre responsável pela paróquia de São Joaquim da Barra nunca digeriu bem o episódio e fazia questão de lembrá-lo nos sermões como atitude de seres dominados pelo mal, no caso, a aguardente. Era comum após as missas os padres se dirigirem à porta da igreja para se despedir dos fiéis um a um. Numa dessas despedidas, uma das irmãs de Boldrin ouviu a pergunta:

– Aquele seu irmão artista virá a São Joaquim no final de semana?
– Acho que sim, por quê?
– É bom saber, assim escondo todas as imagens.

Uma dessas voltas do artista Boldrin a São Joaquim foi, justamente, após o funeral de Dito Preto, que contraiu tuberculose e não resistiu após uma semana de febre ininterrupta. De madrugada, como costumavam fazer, ele, o dentista Aniz João e o saxofonista Crioulo entraram no cemitério municipal e foram até o túmulo de Dito Preto. Lá deixaram uma garrafa de Tatuzinho e passaram a tocar e a cantar a música "Professora", de Sílvio Caldas, a que o amigo mais gostava.

Eu a vejo todo dia,
quando o sol mal principia,
a cidade a iluminar.
Eu venho da boemia,
e ela vai, quanta ironia,
para a escola trabalhar.
Louco de amor no seu rastro,
vagalume atrás de um astro,
atrás dela eu tomo o trem.
No trem das professoras,
em que outras vão, sedutoras,
eu não vejo mais ninguém.

O dentista Aniz tocava violão e o saxofonista abafava o bocal do instrumento com uma camisa. Ficaram ao lado do túmulo contando histórias e bebendo até o amanhecer, como se sentissem a presença do amigo naquela última serenata. Os primeiros visitantes do cemitério encontraram o trio saindo com os passos tortos e sorriso no rosto.

Antes de prestar a homenagem no cemitério, Boldrin havia enviado uma crônica ao jornal *O Popular* de São Joaquim da Barra revelando todo o pesar pela morte do amigo. O texto foi publicado abaixo da foto daquele personagem tão popular na pequena cidade:

> *Desta vez eu não pude participar da sua festa, meu amigo, meu considerado e meu irmão Dito Preto, ou Benedito da Silva, ou apenas Dito. Digo festa, sem medo de errar. Deus, o patrocinador de tão festiva hora, a hora de sua partida, te acompanhou até lá. Ora, rezo para que o seu querido espírito já tenha chegado à sua nova ou antiga morada. Onde o ódio não tem vez, onde a escola recebe gente de qualquer cor. Onde o bem é primordial, a caridade, essencial. Onde o samba não fala de dor, nem de desengano, mas de amor. Meu irmão Dito Preto, eu não pude correr para chorar perto, e dizer da nossa amizade, da nossa convivência, do amor de anos e anos. Quem me telefonou foi um amigo irmão da gente, Jaime Tobias, comunicando a sua partida. Ele, o Jaime, sabia, como tantos outros da nossa querida terra sabiam, o quanto a gente se queria e se amava.*
>
> *Não importava a hora ou lugar, lá estávamos nós, cantando o nosso samba, ritmo de sua raça querida, brincando e rindo nos botecos da vida. Meu querido Dito Preto, hei de guardar bem no fundo do pensamento o seu retrato. O humilde, o bom, o sem ódio, o fiel amigo, o pobre, mais rico de amor Dito da Silva Preto, Dito Preto. Deus, nosso pai, nos aproximou neste planeta e hoje você se afastou. Mas tenho certeza, um dia, os irmãos do espaço, numa viagem festiva como a sua de agora, me conduzirá para o nosso reencontro quem sabe num disco voador. Seu amigo e irmão branco, Rolando (Boy).*

O trecho triste da partida de Dito Preto nunca é lembrado por Rolando Boldrin durante os espetáculos. Pelo contrário, a alegria esbanjada pelo amigo é sempre incluída no enredo entre os bons causos, boas piadas. Situações hilárias envolvendo Dito marcaram o *Teatro de quintal*, monólogo entrecortado por números musicais, como o artista de São Joaquim da Barra sempre gostou de fazer. Ele lançou o show itinerante em maio de 1975, depois de ter o roteiro liberado pela censura federal com alguns cortes e modificações. A apresentação foi proibida para menores de 16 anos.

Em determinado momento, Boldrin contava um episódio ocorrido com Dito Preto na rodovia Anhanguera. Dito havia comprado um Ford 1929, uma raridade, e vivia soltando fumaça em suas idas e vindas pela estrada. Até que um dia, um guarda rodoviário o parou:

– *Deixa eu ver a carta.*

– *Não tenho carta, não, sinhô.*
– *Documentos do carro.*
– *Não tenho também.*
– *Acenda o farol.*
– *Não tem luz.*
– *Meu amigo, se eu for multar o senhor, nem vendendo o Fordinho daria pra pagar a multa de tão alta. Pode ir embora.*
– *Então dá uma empurradinha que não tenho bateria também.*

Entre os tipos reais e fictícios que povoaram a carreira do joaquinense está Odorico Paraguaçu de *O bem amado*, obra primorosa de Dias Gomes. Boldrin foi o primeiro a levar o prefeito Odorico para a televisão, ainda em 1963, por iniciativa do diretor Benjamin Cattan. O trabalho foi cercado de pioneirismos. Os Diários Associados, mantenedor da TV Tupi, criaram uma cidade cenográfica colonial como presente para São Paulo, na ocasião das festas juninas. E o diretor Benjamin Cattan fez ali suas primeiras locações externas. Assim, surgiu a lendária Sucupira no terreno onde, mais tarde, seria erguido o ginásio do Ibirapuera. "*Odorico Paraguaçu foi um personagem marcante na minha vida*", lembra o veterano ator. "*Algo que me projetou no cenário nacional*".

TEATRO E CENSURA

Apesar da ascensão como ator de novela, Rolando Boldrin decidiu suspender a carreira em televisão para realizar um sonho: fazer teatro. Aos 30 anos de idade, em 1966, ele passou a integrar o elenco do Grupo Oficina no Teatro Brasileiro de Comédia (TBC), na rua Major Diogo, no centro de São Paulo. No espaço idealizado pelo industrial italiano Franco Zampari, Boldrin estreou na peça *Os inimigos*, do russo Maximo Gorki. Trata-se de um embate entre a classe intelectual russa e o proletariado. A direção era de Zé Celso Martinez Corrêa.

A resistência da classe artística à Ditadura Militar, instalada no país em 1964, ficava evidente a cada novo espetáculo. O Teatro de Arena montou a Primeira Feira Paulista de Opinião em um período em que a censura soltava seus tentáculos numa investida para calar vozes dissonantes ao governo. Era uma época em que a opinião precisava passar pelo crivo dos oficiais fardados ou de seus encarregados. Alguns dos mais representativos dramaturgos de esquerda do período foram reunidos na Feira Paulista, tais como Augusto Boal, Bráulio Pedroso, Gianfrancesco Guarnieri, Lauro César Muniz, Jorge Andrade e Plínio Marcos, além de compositores como Ary Toledo, Caetano Veloso, Edu Lobo, Gilberto Gil e Sérgio Ricardo. O espetáculo foi dividido em dois atos: do primeiro faziam parte *Tema*, de Edu Lobo; *Enquanto o seu lobo não vem*, de Caetano Veloso; *O líder*, de Lauro César Muniz; *O sr. doutor*, de Bráulio Pedroso; *Meu Brasil brasileiro*, de Ary Toledo; e *Animália*, de Gianfrancesco Guarnieri. Em *O líder*, Rolando Boldrin interpretava um cidadão humilde, que, mesmo sem ter frequentado a escola, esbanjava conhecimento adquirido no enfrentamento da vida. Do segundo ato constavam *Espiral*, de Sérgio Ricardo; *A receita*, de Jorge Andrade; *Verde que te quero verde*, de Plínio Marcos; *Miserere*, de Gilberto Gil; e *A lua muito pequena* e *A caminhada perigosa*, de Augusto Boal. O número de cortes sofridos pelos textos submetidos à censura foi nada menos que 71. Mas, mesmo assim, a Primeira Feira Paulista de Opinião foi apresentada na íntegra em junho de 1968, ignorando o veto dos censores, num ato público de resistência.

Verde que te quero verde era uma peça cheia de palavrões, que fazia o público participar intensamente do enredo – era uma época em que muitos gostariam de soltar sonoros palavrões para extravasar a angústia represada diante da censura prévia, sobretudo em setores de arte e cultura. A peça trazia um diálogo entre um gorila (Renato Consorte) e um soldado verde-oliva (Rolando Boldrin). Os dois falavam em prender, arrebentar.

A classe artística costumava fazer o jogo de gato e rato com a polícia política do Regime Militar. Anunciavam oficialmente que fariam a peça em determinado teatro e levavam o elenco para outro lugar. Era um período de intensa atividade da União Nacional dos Estudantes (UNE), que dava proteção às produções teatrais. Proteção explícita. Muitos estudantes se armavam com pedaços de pau e barras de ferro e ficavam na coxia para enfrentar os agentes do Estado, caso aparecessem com a intenção de acabar com o espetáculo e levar todo o mundo para o cárcere.

Uma das apresentações da Feira Paulista de Opinião aconteceu no Teatro Ruth Escobar, na rua dos Ingleses (São Paulo). O imóvel possuía três palcos e em um deles era encenada a peça *Roda viva*, de Chico Buarque de Holanda, a primeira incursão do músico na dramaturgia. Houve uma ação dos repressores sem que se soubesse, ao certo, qual peça era o alvo do ataque. As bombas de gás lacrimogêneo atingiram intensamente o palco e auditório de *Roda viva* e a confusão, o corre-corre e a fumaça se espalharam por todo o prédio, forçando uma retirada geral.

Boldrin se envolveria mais uma vez nesse embate contra o Regime Militar ao participar da comédia *Oh, que delícia de guerra*, um musical que também incorporou elementos da dança, dirigido por Ademar Guerra no Teatro Bela Vista (rua Conselheiro Ramalho, 538, São Paulo). Estreou em outubro de 1966; tinha como pano de fundo a Segunda Guerra Mundial, e atacava as ações militares, defendendo a paz com muito bom humor. Nada menos que 19 atores subiam ao palco de segunda a domingo sempre com casa cheia. No espetáculo que teve coreografia de Marika Gidali, Boldrin esteve ao lado de Stênio Garcia, Armando Bógus, Paulo Goulart, Irina Grecco e Cacilda Lanuza.

Novamente no Teatro de Arena, Boldrin entraria para o elenco de *A comédia atômica*, de Lauro César Muniz, com direção de Augusto Boal. A peça contava a história de uma nave alienígena que caía na terra e despertava a curiosidade da população. Nessa época, Boldrin comprou um Karmann Ghia branco, o carro com motor Volkswagen muito cobiçado por seu modelo esportivo e, num dos raros momentos de folga, decidiu ir a São Joaquim da Barra para visitar a família e experimentar o possante 1.6 na estrada. Na viagem à noite, o rádio companheiro dava os detalhes da notícia que abalou o mundo: a chegada do homem à lua. Havia lua cheia naquele 20 de julho de 1969. O locutor pedia para que as pessoas olhassem para o satélite da Terra e imaginassem que ali estava o módulo lunar da nave Apollo 11 com três astronautas norte-americanos. Naquele momento, Boldrin pensou na coincidência de estar atuando em um enredo que falava de uma nave extraterrestre entre nós. Lembrou-se de Mazzaropi e suas piadas sobre o Sputnik. O certo é que os Estados Unidos saltavam na frente na corrida espacial em relação a então União Soviética. Ouvia-se repetidamente a frase do astronauta Neil Armstrong, o primeiro a pisar na lua: *"Um pequeno passo para um homem e um grande salto para a humanidade".*

A lua, *A comédia atômica*, o feito histórico, o Karmann Ghia branco, a via Anhanguera, quanta paz e felicidade. O que poderia dar errado em um momento tão sublime? A resposta veio com o desnível do asfalto entre a pista e o acostamento. Um trecho que havia sido reformado recentemente e continha uma elevação exagerada em relação à área de escape funcionou como uma catapulta que jogou o veículo para o lado. Ele chegou a ficar sobre duas rodas antes de capotar cinco vezes e parar de ponta-cabeça com a parte da frente à beira de um córrego. Por sorte, Boldrin tinha o costume de usar cinto de segurança, mesmo sem a obrigatoriedade hoje imposta. Atônito, não acreditava no que havia ocorrido. Ainda preso ao cinto, passou a mão pelo corpo para verificar se estava ferido. Não havia nada de errado, não havia sangue, apenas uma dor no pescoço e no cotovelo direito. A estrada estava praticamente vazia, e ele conseguiu se arrastar para fora do carro saindo pela janela. Sua preocupação era em relação a uma possível explosão, uma vez que o tanque de gasolina tinha acabado de ser abastecido, no quilômetro 122 da Anhanguera, no posto Rafi. Ou seja, justamente aquele no qual havia trabalhado quando jovem como garçom e depois frentista, numa das primeiras viagens a São Paulo. Foi no mesmo posto Rafi que Boldrin foi buscar ajuda.

O Karmann Ghia foi para a funilaria e demorou alguns meses para ser consertado. O gasto quase dava para comprar um carro novo. O capotamento deixou Boldrin bastante preocupado. Não era a primeira vez que levava um susto daquele. Quando comprou o carro esportivo, estava encenando uma peça na cidade de Santos e outra na capital. Descia quase todas as noites para o litoral. Certa vez, cansado, dormiu ao volante e só parou quando o veículo atingiu o *guard rail*. Um amigo sugeriu que ele fizesse uma consulta mediúnica. Boldrin procurou um médium de origem alemã, que avaliou a linha da vida nas palmas das suas mãos. O espírita disse que estava prevista a morte de Boldrin em um acidente grave, mas que acabou sendo poupado porque ainda tinha muito trabalho a fazer em relação à carreira artística.

Naquele período, o mundo vivia momentos de reorganização política, a partir das manifestações de maio de 1968 na França, que se espalhou por todos os cantos. Estudantes e trabalhadores passaram a lutar por reformas educacionais e trabalhistas e, no caso do Brasil, pelo fim da Ditadura Militar. Rolando Boldrin e o dramaturgo Plínio Marcos nutriam uma estreita amizade, iniciada nos tempos de atores-extras na TV Tupi. Foi um momento no qual Plínio Marcos se engajou nos movimentos de esquerda que buscavam eleições diretas e o fim do regime dos generais.

No primeiro de maio de 1969, Boldrin acompanhou o dramaturgo nas comemorações do Dia do Trabalhador, que tinham como endereço certo a Praça da Sé, no centro de São Paulo. Milhares de pessoas se concentravam diante do palco montado em frente à catedral para ouvir lideranças sindicais, intelectuais e artistas. Naquele dia, o governador Roberto de Abreu Sodré, que assistira à missa na Igreja da Sé, celebrada por dom Paulo Evaristo Arns, não se arriscou a ir até o palanque para dirigir algumas palavras à multidão. Sodré se recordava muito bem do que havia ocorrido no ano anterior, quando foi atingido por ovos e levou uma pedrada na cabeça após pegar o microfone para exaltar a "democracia" existente no país. Por precaução, naquele maio de 1969, o governador saiu discretamente por uma porta lateral da catedral ao final da missa.

No palanque, quem brilhava era Plínio Marcos, exímio orador, que sabia como ninguém traduzir para uma linguagem clara os sentimentos de um povo cansado de viver oprimido. Boldrin, que acompanhava tudo de perto, estranhou o fato de não ver policiais e muito menos a cavalaria da Força Pública, que depois se chamaria Polícia Militar. Os discursos, cada vez mais inflamados, tinham como resposta o coro dos que pediam a volta das liberdades individuais. As organizações clandestinas como a Vanguarda Popular Revolucionária (VPR), a Ação

Libertadora Nacional (ALN) e a Ação Popular (AP), entre outras, participaram ativamente do protesto. As bandeiras tremulavam dando um colorido especial ao sonho dos brasileiros.

Tudo muito bonito, mas Boldrin continuava a estranhar aquele cenário sem qualquer tipo de contestação por parte do governo. Logo que Plínio Marcos encerrou sua participação no palanque, Boldrin foi até ele e sugeriu que fossem embora.

– *Mas nós vamos deixar essa festa maravilhosa?* – argumentou o dramaturgo.

– *Vamos cai fora. Alguma coisa não tá me cheirando bem* – insistiu o amigo.

Puxando Plínio Marcos pelo braço, Boldrin foi com ele até a praça Clóvis Beviláqua, onde entraram em um táxi. Na volta para a casa de Plínio, que morava em uma travessa da avenida 9 de Julho, foram ouvindo no rádio do carro a transmissão do Primeiro de Maio na Sé. Para a surpresa de todos, inclusive do chofer de praça, o locutor passou a narrar o confronto que tomou conta da comemoração. Policiais disfarçados tentaram prender as lideranças que estavam no palanque, provocando reação do público. Os mastros das bandeiras viraram armas nas mãos dos manifestantes, bombas de gás explodiram abrindo clarões entre a multidão, os policiais sacaram as armas, dispararam para o alto e também em direção às pessoas. A catedral da Sé fechou as portas e o campo de batalha ficou ao "Deus dará".

Sempre que tinha a oportunidade, Plínio Marcos contava a história do Primeiro de Maio na Praça da Sé. Dizia que Boldrin era seu segurança. Depois que Boldrin participou da primeira peça de Plínio Marcos, *Réquiem para um tamborim*, o dramaturgo sugeriu ao amigo que fizesse espetáculos conversando com a plateia, contando suas histórias. Queria que Boldrin explorasse mais os monólogos, algo que exige enorme capacidade de interpretação e que, segundo ele, Boldrin sempre teve de sobra.

Os dois caminhariam juntos novamente logo após o lançamento do disco *Longe de casa*, LP de músicas caipiras, bastante elogiado pela crítica. Na época do lançamento, Boldrin pediu a Plínio Marcos que escrevesse um texto sobre a vida dele, um monólogo para teatro. E ele escreveu *Longe de casa, na terra do desconsolo*, uma peça em três atos, nunca encenada. Boldrin admite que possa tirar o texto inédito da gaveta.

O caipira guarda com muito carinho o roteiro de *Longe de casa, na terra do desconsolo*, escrito à mão, em laudas de *script* de telejornais. O texto do monólogo em três atos é rico em detalhes, como a indicação de iluminação, os momentos de pausa, o caminhar no palco, a sequência das músicas, para onde dirigir o olhar, enfim, a visão de um gênio que, ao roteirizar um espetáculo, já sabia o efeito daquele trabalho sobre a plateia. Tudo sob medida e com aberturas para a improvisação do "cantadô" e contador de causos. O primeiro ato conta a infância de Boldrin e o desejo de se tornar artista. Começa da seguinte forma:

> **Luz:** *Apagada no geral.*
> **Som**: *Ponteio de viola.*
> **Luz:** *Vai acendendo em resistência um fogo no Rolando Boldrin.*
> **Som**: *Continua por mais tempo o ponteio de viola.*
> **Boldrin:** *(Sem parar de tocar, fala.) Eu ainda era muito pequeno, estava sendo criado em Guaíra, quando ganhei a minha primeira violinha. (Boldrin ponteia a viola e já faz preparações para canções.) Nesse tempo eu só sabia das músicas que a minha mãe e o meu pai cantarolavam. Eu tentava tirar essas músicas na violinha. (Boldrin canta três músicas.)*
> **Boldrin**: *Eu ia crescendo, pé de cascão encardido, bolinha de gude, papagaio, balão, festa nas fazendas, roubo de melancia na roça, banho nu no rio, surras do meu pai, grupo escolar, mais surras do meu pai. Mamãe gritava: "Esse menino vai ser vagabundo. Se vê logo. Não faz nada que preste e não larga a viola". Papai respondia: "Mas eu dou um jeito". Me puseram de aprendiz de sapateiro...*

O texto de Plínio Marcos resume bem a vida de Rolando Boldrin no interior e na chegada a São Paulo, que é contada no segundo ato. Nessa fase derradeira, o monólogo se torna mais ácido, agressivo, entristecido. Os dissabores de uma luta quase perdida em busca do reconhecimento profissional.

> **Boldrin:** *Era o extra a cachê. Sofria mais que gato de desenho animado. Mas estava em todas. Rádio-teatro e novela (improvisa alguns nomes de alguns programas de rádio e algumas novelas). Dinheiro, muito pouco. Quase nenhum. Já fazia um sucessinho. Mas comia pouco. Estava tão magro, tão ma-*

gro, que toda vez que ficava de pinto duro caía pra frente (pausa). Os empregadores se beneficiam com a migração. Tem a mão de obra barata. De qualquer forma, se ganha na cidade grande mais do que se conseguiria nas regiões de origem (pausa curta). Pra mim estava difícil, mas o sucesso compensava. Comecei a compor minhas músicas. (Canta algumas músicas de própria autoria). (No encerramento do monólogo, Boldrin conta que se tornou figurinha de um álbum sobre as maravilhas do Brasil e se decepciona ao ver figurinhas com a sua foto espalhadas pelo chão ao lado de uma banca de jornal.)
Boldrin: *Num monte de figurinha rasgada logo vi vários pedaços de Rolando Boldrin. Olhei do outro lado, tinha um Rolando Boldrin inteiro. Mas escarrado na cara. Até imaginei a cena. O sujeito tirou a minha figurinha. Saí do cartuchinho sorrindo para ele. Aí ele resmungou: "Outra vez esse filho da puta!". Me jogou longe. Dei sorte, caí de cara para cima. Ele aí de raiva escarrou (imitar a cusparada). Acertou em cheio (pausa). Aquilo me deu uma tristeza. Parecia que tinham escarrado na cara do meu sonho.*

Plínio Marcos, dramaturgo, escritor, ator, jornalista, morreu em novembro de 1999 aos 64 anos, em São Paulo, e deixou como legado a renovação da linguagem teatral. O autor de *Dois perdidos numa noite suja* e *Navalha na carne* também fez peças infantis e um dia sonhou em ser jogador de futebol, tendo participado do elenco da Portuguesa de Desportos. Todos têm algo que gostariam de ser mesmo sendo especiais.

As constantes agitações e tensões desse período de acirramento da repressão do Regime Militar faziam Boldrin lembrar o sossego do lar. E sempre que tinha chance voltava a São Joaquim da Barra. Num desses retornos à cidade, pregou um susto na família. Depois de ingerir boas doses de cachaça, passou mal e saindo do quarto, a visão escureceu. Despertou nos braços do velho Amadeu, que tentava reanimá-lo. A cena aterrorizou a todos, e o caipira prometeu ao seu pai que nunca mais colocaria gota alguma daquele líquido sufocante na goela. Promessa que o torturou por um ano. Mas, aos poucos, foi se entregando às tentações e ingeria pequenas doses às vezes de Campari, outra, de vodca, bebidas que, segundo ele, não exalavam cheiro forte de álcool. Na verdade, o caipira começou a beber escondido da família. Não queria quebrar o acordo e decepcionar o pai que tanto admirava e respeitava.

Tempos depois, o ator Gianfrancesco Guarnieri, conhecido por manter boas noitadas ao lado do copo, o convidou para uma saidinha. No bar, contou a promessa ao amigo Guarnieri, que logo resolveu a questão: *"Não se preocupe, Boldrin, nós vamos tomar Jurubeba Leão do Norte, que não tem quase nada de álcool, só pra gente não conversar no seco".* Jurubeba é um vinho tinto de mesa seco utilizado para melhorar problemas de anemia, fígado, má digestão, falta de apetite e azia. O tempo foi passando e o garçom serviu uma... duas... quando os dois secaram a terceira garrafa, decidiram que chegara a hora de ir. O problema é que a somatória de Jurubebas era suficiente para tirar o equilíbrio até dos mais preparados. Na volta para casa, Boldrin ao volante notou que uma árvore apareceu na frente de repente, como uma miragem. Foi uma pancada só. E como explicar tamanho estrago em casa? Decidiu deixar o problema para o dia seguinte; se despediu de Guarnieri e foi embora a pé, abandonando o carro destruído e colado à árvore. Quem abriu a porta da casa foi a esposa, a cantora Lurdinha Pereira, que o aguardava para o jantar. Para não dar "bandeira" e ser pego no flagra, deu um beijo rápido no rosto da esposa e começou a comer sem dar uma palavra. Lurdinha, que na ocasião estava casada com Boldrin havia 10 anos, só olhava à espera de alguma manifestação verbal do marido. Ele, então, resolveu quebrar o silêncio e perguntou, com a língua enrolada, sobre os pais dela, que moravam com o casal:

– *Onte estão os seu belhos?*
– *O que é que você disse, Boldrin?*

Ele respirou fundo, se concentrou, tomou ar e falou mais uma vez:
– *Onde estão seus velhos?*

Desconfiada, Lurdinha nem respondeu. Fitou o olhar e disse com raiva:

– *Você quer mais alguma coisa?*
– *Euuu quero ummm capé.*
– *O que você disse, Boldrin?*
– *Ummm capé, um capé, capé...*

Como a palavra *café* não saía mesmo, Lurdinha interpelou o marido:
– *Você andou bebendo, não é seu, Boldrin?*
– *Maldita Jurubeba!* – exclamou Boldrin – *Falaram que era remédio!*

Atuando na peça *Roda cor de roda*, em 1975, com as atrizes Lilian Lemmertz e Irene Ravache.

Boldrin voltaria a atuar sob a direção de Luiz Carlos Maciel, ainda no Teatro de Arena, na peça *O que é que vamos fazer esta noite?*, uma adaptação de *Los próximos*, do argentino Carlos Gorostiza. O dramaturgo e cineasta argentino conta que a história partiu de um fato real, uma notícia de jornal sobre uma mulher no Bronx, bairro de Nova York, agredida até a morte no meio da rua. Apesar dos gritos da vítima, os vizinhos olhavam a cena pela janela, mas não faziam nada. Todos preferiam se esconder. Na peça em São Paulo, o roteiro colocava o foco sobre uma reunião de amigos em um apartamento do Largo do Arouche. De vez em quando, eles iam até a janela e comentavam: *"Olha lá, tão batendo naquela mulher"*.

E como se não tivessem satisfações a prestar à respeito daquele ato brutal de violência, voltavam às conversas infrutíferas quase sem conexão com a realidade. Havia um momento na peça no qual Boldrin chegava a ficar cerca de 15 minutos fora de cena. Ele tinha uma deixa: *"Acabou o meu cigarro, vou descer para comprar uns maços"*. Era o momento em que Boldrin saía mesmo do teatro. Atravessava a rua e ia tomar uma dose de conhaque no bar em frente. Aproveitava também para comprar cigarros. Naquela época, Boldrin fumava três maços por dia, hábito que adquiriu desde moleque em São Joaquim da Barra. Começou no fumo de palha e depois foi para os cigarros sem filtro, mais baratos. Há trinta anos, abandonou o vício.

O que vamos fazer esta noite? tinha Lilian Lemmertz, Antônio Petrin e Thelma Reston no elenco e música de Caetano Veloso. A peça viajou por algumas capitais e sempre despertava boas críticas, uma ode à reflexão. O Regime Militar demorou a perceber que a intenção era fazer as pessoas avaliarem a vida num país sob ditadura.

No teatro, viriam ainda outros trabalhos com diretores renomados: *Roda cor de roda*, de Leilah Assumpção, com direção de Antônio Abujamra; e *Fábrica de chocolate*, de Mário Prata, com direção de Ruy Guerra.

DE VOLTA À TELEVISÃO

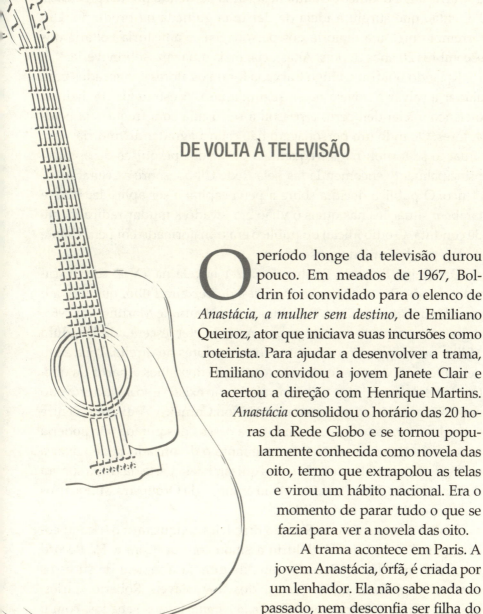

O período longe da televisão durou pouco. Em meados de 1967, Boldrin foi convidado para o elenco de *Anastácia, a mulher sem destino*, de Emiliano Queiroz, ator que iniciava suas incursões como roteirista. Para ajudar a desenvolver a trama, Emiliano convidou a jovem Janete Clair e acertou a direção com Henrique Martins. *Anastácia* consolidou o horário das 20 horas da Rede Globo e se tornou popularmente conhecida como novela das oito, termo que extrapolou as telas e virou um hábito nacional. Era o momento de parar tudo o que se fazia para ver a novela das oito.

A trama acontece em Paris. A jovem Anastácia, órfã, é criada por um lenhador. Ela não sabe nada do passado, nem desconfia ser filha do último Czar da Rússia, Nicolau II, morto com a família pelos bolcheviques, o movimento que uniu intelectuais e proletários na Revolução de 1917. A verdade é que o enredo começou a se arrastar, e o índice de audiência vinha perdendo pontos preciosos. Foi então que surgiu a ideia de dar uma guinada na produção. Um terremoto matou a maioria dos personagens e a história voltaria dos escombros 20 anos depois. Anastácia, mais uma vez, sobreviveria.

Rolando Boldrin e Hugo Carvana foram os atores convocados para ajudar a salvar a novela nessa segunda fase. A estratégia de dizimar o elenco inicial deu certo e passou a ser usada com frequência pelos autores. Quando um personagem não estava agradando, morria. Essa situação se tornou mais frequente a partir das pesquisas de opinião, principalmente encomendadas pela Rede Globo, sobre a aceitação do elenco. O público decidia sobre a pena capital a ser aplicada. Houve também situações nas quais o vilão era levado a mudar radicalmente de conduta. O ódio inicial do público era transformado em pena diante do arrependimento do personagem.

Da Globo, Rolando Boldrin foi fazer novela na TV Excelsior, canal 9 de São Paulo. *O direito dos filhos*, de Teixeira Filho, que usava o pseudônimo de Iara Curi, era dirigida por Henrique Martins. Em 1968, tinha uma proposta ousada para o período efervescente da Ditadura Militar apoiada por movimentos conservadores de direita. Falava em desquite, a separação de casais e a situação dos filhos a partir da quebra do núcleo familiar. O divórcio ainda não existia e só seria aprovado em 1977, por iniciativa do senador Nelson Carneiro. A diferença entre essas duas formas de separação é que a pessoa desquitada não poderia se casar formalmente outra vez, enquanto o divorciado pode voltar a se casar oficialmente quantas vezes quiser. Fazia parte da trilha sonora de *O direito dos filhos* a música "Adio amore", da Orquestra Milionários Del Rio, muito tocada nas rádios.

Em 1970, ano em que a Seleção Brasileira conquistava o tricampeonato mundial de futebol, Boldrin assinou contrato com a TV Record para fazer novelas. A Record vinha de uma fase repleta de sucessos com os programas *Jovem guarda*, dos inigualáveis Roberto Carlos, Erasmo Carlos e Wanderléa; *O mundo encantado*, aos sábados, com o príncipe da juventude Ronnie Von; *A família Trapo*, humorístico com

Ronald Golias, Jô Soares, Renata Fronzi, Cidinha Campos, Otelo Zeloni e Ricardo Corte Real; e o *Fino da bossa*, uma verdadeira pérola da TV brasileira, que colocava lado a lado Elis Regina e Jair Rodrigues. Isso sem contar com os famosos festivais de música popular brasileira que consagraram Chico Buarque, Edu Lobo, Caetano Veloso, Gilberto Gil, Os Mutantes, MPB-4, e tantos outros.

Na Record, Boldrin foi o personagem central de *Os deuses estão mortos*, de Lauro César Muniz, primeira novela a render uma continuação no país com o título de *Quarenta anos depois*. *Os deuses estão mortos* estreou em 8 de março de 1971. A história se passa em 1889 e envolve duas famílias que disputam a liderança política em uma cidade do interior de São Paulo: os monarquistas Almeida Santos e os republicanos Lobo Ferraz. No elenco, além de Rolando Boldrin (barão Leôncio Almeida Santos), estavam Fúlvio Stefanini (no papel de Leonardo) e Márcia Maria (Veridiana), casal que fazia o par romântico. Outros integrantes eram Laura Cardoso, Lia de Aguiar, Jonas Mello, Maria Estela e Márcia Real. A exibição acontecia às 20h, justamente para concorrer com as novelas da Globo. Bem-sucedida, *Os deuses estão mortos* deu um salto no tempo, pulando quatro décadas, voltando com *Quarenta anos depois*, também sob os cuidados de Lauro César Muniz, que manteve a maior parte do elenco anterior. Dessa vez, a trama se baseava na família do barão Almeida Santos (Boldrin), rica e poderosa no final do século XIX, mas enfrentando a decadência em 1928, com a crise do café e o avanço da industrialização. Fúlvio Stefanini e Márcia Maria também apareciam mais velhos e numa família repleta de filhos e netos.

Numa tarde de segunda-feira, um dia já exaustivo depois de um fim de semana quase sem descanso, Boldrin entrou no estúdio da TV Record na avenida Miruna, próximo ao Aeroporto de Congonhas, e foi informado pela produção que dois homens estavam lá desde cedo à espera para poder conversar com ele. Eram dois irmãos fazendeiros do Mato Grosso. Moravam em Campo Grande, cidade que se tornaria capital do Mato Grosso do Sul na divisão do estado em 1977. Boldrin não se recorda dos nomes dos fãs mato-grossenses. A filha de um deles iria se casar e queria ter o ator como padrinho. Boldrin ficou emocionado com o convite e aceitou de pronto. O fazendeiro, futuro compadre, parentesco muito usado antigamente e que identificava os padrinhos dos filhos, pediu a Boldrin para que fixasse um cachê, ou seja, um preço para cumprir a tarefa. Boldrin recusou e esclareceu que se o fazendeiro cobrisse o custo da passagem seria o suficiente. O fazendeiro insistiu e deu uma explicação: *"O senhor vai precisar ir vestido de barão Leôncio de Almeida Santos. O povo do Mato Grosso adora esse personagem e nós queremos que o senhor vá caracterizado."* Boldrin entendeu que, na verdade, o barão estava sendo convidado. Dessa forma, foi acertado um cachê para o trabalho de um artista.

No dia do casamento, conforme ficou combinado, Boldrin deixaria o avião já incorporado no barão Almeida Santos. Para isso, levou o figurino e o estojo de maquiagem com as costeletas e o bigode que compunham o semblante do austero magnata do café. Houve certa dificuldade para trocar de roupa no banheiro do avião, um Boeing da companhia Cruzeiro do Sul. Quando retornou à poltrona antes da aterrissagem, foi saudado pelos passageiros. Mas a surpresa maior estaria reservada para o desembarque. Uma multidão o aguardava no saguão do aeroporto de Campo Grande depois que as emissoras de rádio e a imprensa local haviam anunciado a chegada do ator, ainda mais incorporado ao personagem tão famoso. E as surpresas continuaram surgindo. A noiva não se atrasou por não ver a hora de encontrar com o padrinho. Ela não segurou as lágrimas ao se ver ao lado dele, elegante e imponente como na trama das oito. Foi Boldrin quem a levou ao altar, para admiração de todos dentro da igreja, onde uma pequena orquestra de cordas preenchia o ambiente com melodias sacras.

A recepção aos convidados foi em uma grande sala na sede da fazenda do pai da noiva. Novamente, Boldrin, ou o barão Almeida Santos, foi o centro das atenções. Um corredor polonês formado por negros vestidos como serviçais do campo davam as boas-vindas ao barão, bem de acordo com o que acontecia na novela. Então, o fazendeiro fez um discurso em que exaltava a presença do convidado ilustre. Boldrin dançou a valsa com a noiva.

Regada à cachaça de qualidade, a festa registrou a presença de um Boldrin mais descontraído e brincalhão. O calor o obrigou a tirar o bigode e as costeletas postiças e a se livrar do pesado casaco que ia até a altura dos joelhos. Os tais serviçais negros ficaram ao redor de Boldrin ouvindo seus causos e piadas. O pai da noiva não gostou muito e chegou a chamá-lo num canto para pedir que se caracterizasse novamente. Boldrin, com sua sinceridade bem-humorada e um tanto absorvido pelo álcool, disparou: *"O barão já foi embora. Só sobrou eu..."*

A passagem pela Record deixou boas lembranças, principalmente, das brincadeiras com os colegas. Como quando estavam todos dentro do estúdio gravando a cena de uma novela, a última do dia. Boldrin fazia o papel de um delegado linha dura, daqueles que a bandidagem da cidade temia cair em suas mãos. Um rapaz, interpretado pelo jovem ator Marcos Paulo (que fazia apenas uma ponta na novela), acabara de ser preso e ia ser ouvido por ninguém menos que o temeroso delegado. O cenário da oitiva era um celeiro, longe dos holofotes da imprensa. Lugar perfeito para aterrorizar o sujeito e arrancar a verdade. Mas, como o preso não revelava o que sabia, o delegado passou a ser mais duro na abordagem. O prisioneiro tinha os pés e as mãos amarrados à cadeira, sem condições de se mexer. A cada pergunta sem resposta convincente, um solavanco ou uma bofetada na cara. A cena foi perfeita, com o nível de pressão ideal. Quando a gravação terminou, já era início de noite. O estúdio seria fechado e todos iriam embora para retornar na manhã seguinte. Naquela época, as brincadeiras e os trotes entre os atores eram bastante frequentes. E Boldrin logo se prontificou a soltar Marcos Paulo, amarrado na cadeira de uma forma que não conseguiria se desvencilhar sozinho. Os colegas deram nós fortes na corda de propósito. As luzes foram apagadas e todos saíram do estúdio, ficando só o caipira e o jovem ator. Mas, na hora de soltá-lo, Boldrin simplesmente saiu, trancou a porta principal e deixou o rapaz grudado à cadeira. Sem nenhum tipo de preocupação, foi para casa e não falou com ninguém sobre a sacanagem que havia feito com o parceiro de novela. Marcos Paulo ficou lá no estúdio, no escuro, gritando por socorro. Quase cinco horas depois, por sorte, o vigia da Record ouviu os gritos e soltou o ator. O pior é que esse tipo de brincadeira sempre tinha um troco.

Enquanto atuava na Record, Boldrin recebeu um pedido do amigo Carlos Zara para voltar à Tupi. Começavam os preparativos para levar ao ar a novela *Mulheres de areia*, de Ivani Ribeiro. Zara seria o diretor e ao mesmo tempo o ator principal, fazendo par romântico com Eva Wilma, sua mulher na vida real. *Mulheres de areia* foi exibida em 1973, e 20 anos depois ganhou uma nova versão na Rede Globo. Eva Wilma interpretou as gêmeas Ruth e Raquel, que disputam o amor de Marcos Assunção (Carlos Zara), um rico e próspero empresário de uma cidade litorânea. Ruth, angelical, está realmente apaixonada por Marcos, enquanto Raquel, diabólica, só pensa no dinheiro do pretendido. O personagem de Rolando Boldrin (dr. César) é quem, no final, mata a maldosa Raquel, que havia sido responsável pela morte do irmão dele por atropelamento. *Mulheres de areia* também teve a participação, entre outros, de Gianfrancesco Guarnieri (Tonho da Lua), Flávio Galvão (Ricardo), Umberto Magnani (Zé Luis), Adoniran Barbosa (Chico Belo), Antônio Fagundes (Alaor) e Cláudio Correia e Castro (Virgílio).

A amizade que aconteceu ali com Adoniran Barbosa renderia frutos ao longo dos anos. Os dois fariam sambas em parceria, como "Três heróis", ainda inédito, e "Samba de provérbio". Boldrin só estranhava o fato de Adoniran estar sempre de mau humor. Era ranzinza e a frase que mais usava era *"Não enche o saco"*. Fumava, mas nunca tinha cigarro. Costumava se aproximar dos outros atores e pedia o cigarro: *"Dá logo esse cigarro aí!"*. Um dia, quando retornavam no ônibus, depois de gravações externas em Guaratinguetá, em pleno inverno, Adoniran se acomodou em um dos bancos, fechou o agasalho, ajeitou o boné, rodou o cachecol pelo pescoço, se encolheu e tentou dar um cochilo. Boldrin sentou-se logo atrás e, ao lado de Adoniran, se acomodou um jovem produtor, que demonstrou satisfação por estar tão próximo de um artista consagrado. O rapaz procurou ser gentil:

– *Prazer estar do seu lado, seu Adoniran.*
– *Não enche o saco* – respondeu rabugento, virando o rosto para o lado da janela.

No meio da viagem, Adoniran despertou com vontade de fumar. Olhou para o rapaz e viu que ele tinha um maço de Continental sem filtro no bolso da camisa.
- *Ô garoto, dá um cigarro aí.*
- *Pois não, seu Adoniran.*
- *Tem fogo?*
- *Tenho, sim senhor. Eu adoro as suas músicas, seu Adoniran. A que eu gosto mais é...*

Adoniran interrompeu:
- *Já deu o cigarro. Agora, não enche o saco.*

Meses depois, Boldrin emplacou em outra novela de Ivani Ribeiro, *Os inocentes*. Ele assumiria o protagonismo ao lado de Cleyde Yáconis numa trama de amor e vingança. Com Carlos Zara novamente na direção, *Os inocentes* contou o trauma vivido por Juliana (Yáconis), uma mulher atormentada pelo passado que retorna à cidade de Roseira, de onde saiu ainda menina, para vingar a morte da mãe. Ela compra a fazenda de Otávio Brandão (Boldrin), seu querido amigo de infância e, rica, passa a distribuir benesses na cidade, sem que percebam que sua real intenção é acabar com dois ilustres moradores do local. Tony Ramos, iniciando na carreira artística, esteve no elenco.

No ano de 1975, ainda na TV Tupi, um Rolando Boldrin, à beira dos 40 anos, fazia parte dos chamados galãs de novelas, título na época concedido a artistas maduros, costumeiramente vestidos com paletó e gravata. O traje social não era bem o estilo de Boldrin, visto mais como bruto, com seu jeitão interiorano e voz estrondosa. O perfil de Boldrin caiu como uma luva na novela *Ovelha negra*, de Walter Negrão e Chico de Assis. Ele fez o personagem Júlio Monteiro, um construtor de casas em pequenas comunidades que enfrenta gananciosos especuladores imobiliários na cidade de Santana do Pedregal, uma área rural transformada em cenário no município de Taubaté, no interior paulista. Com direção de Atílio Ricco e Edson Braga, a novela teve mais de 120 capítulos. *Ovelha negra* investiu nas trocas de cartas entre o construtor Júlio Monteiro e Laura (Cleyde Yáconis), pertencente a uma família tradicional de Santana do Pedregal. Foi uma oportunidade para levar ao público o talento interpretativo de Boldrin na leitura de textos e poemas, uma expressão mantida até hoje nos programas que faz. Na cena apresentada em 21 de junho de 1975, Laura recebe uma mensagem escrita por Júlio. A personagem segura o papel de carta na mão, enquanto a voz de Boldrin, no caso, a voz do pensamento, revela o que está escrito.

> *Laura, depois que você partiu é que eu fui perceber que estava apaixonado. O que eu tinha com a Suzana [Kate Hansen] era uma coisa infantil. Suzana é apenas uma menina bonita, mas vazia por dentro. Você é diferente. Logo que eu puder vou me encontrar com você. Pena que eu tenha perdido muito tempo com a Suzana. Daquele que não te esquece, Júlio Monteiro.*

No elenco estavam Geórgia Gomide, Edney Giovenazzi, Wanda Stefânia, Kate Hansen, Joana Fomm, Laura Cardoso, Edgard Franco, Carlos Augusto Strazzer, Mário Benvenutti, Carminha Brandão e Silvio Rocha. Tinha a participação especial de Adoniran Barbosa e Everton de Castro, que também despontou com enorme sucesso ao interpretar o personagem Bentinho, um jovem religioso, criado na comunidade, tido como milagreiro, capaz de fazer a plantação de feijão crescer e a água aparecer em locais inóspitos. Os chamados "milagres de Bentinho" provocaram uma corrida de fiéis à comunidade, o que atrapalhou os planos dos especuladores.

Esbanjando criatividade, a incansável Ivani Ribeiro assinou a novela seguinte e mais uma vez surpreendeu o público com as chamadas tramas paralelas, quando um caso depende do outro para dar sentido. Dessa vez, *O profeta* trouxe Antonino Seabra na direção e Carlos Augusto Strazzer no papel principal.

> *Quando criança, Daniel (Strazzer) denunciou o cunhado João Henrique (Rolando Boldrin) para a irmã Ester (Ana Rosa). Dizia ver o cunhado sempre com uma loira. Por causa da fala do garoto, o casal se separou. João Henrique jurou vingança. Com o tempo, Daniel descobriu que, na realidade, via um espírito que acompanhava o cunhado. A partir daí, surge a fama de paranormalidade do jovem que acaba se desvirtuando do caminho do bem.*

Na época, a apresentadora Hebe Camargo gravou uma participação na novela, fazendo o papel dela mesma, num programa de entrevistas em que Daniel fala desse dom transcendental.

O espiritismo seria mantido em mais um drama de Ivani Ribeiro, com direção de Atílio Riccó e Edson Braga. Baseada no livro *Nosso lar*, de Chico Xavier, a novela *A viagem* conta a história de vida e de vida após a morte do assaltante Alexandre (Ewerton de Castro), um jovem que se matou na cadeia, revoltado com o irmão e o cunhado que o entregaram à polícia. Ele jura vingança e, do plano espiritual onde se encontra, atormenta a rotina dos familiares, poupando apenas a irmã Dináh Veloso (Eva Wilma). Diante de tamanha tragédia, o dr. Alberto Rezende (Rolando Boldrin) se propõe a ajudar a mãe de Alexandre. Mas, por trás do ato benevolente, há outro interesse. Dr. Alberto é apaixonado por Isaura, outra irmã de Alexandre.

Com *A viagem* veio o reconhecimento da crítica especializada e Boldrin conquistou seu primeiro prêmio da Associação Paulista de Críticos de Arte (APCA) de melhor ator. Esse prêmio é entregue todos os anos aos profissionais que se destacam nas áreas de comunicação, literatura, arte, cultura e espetáculo.

De volta à Rede Record, a novela *O espantalho*, de José Miziara e David Grinberg, exigiu uma tarefa extra de Boldrin: fazer a música tema da produção que ficou seis meses no ar, de janeiro a junho de 1977. O samba "Festa no mar", tocado na abertura, era uma síntese da trama que tinha como pano de fundo a exploração do turismo de um paraíso litorâneo.

> *Hoje é dia de festa, hoje é dia de amar.*
> *Hoje é dia de pega e do deixa pra lá.*
> *Mas o mar está triste, está quieto e ferido*
> *Sua quebra na areia é trabalho perdido*
> *A praia sem dono, sem rei e senhor*
> *Já morre de sono, de medo e amor.*

Em *O espantalho*, Rolando Boldrin fez o personagem Juca, dono de um bar próximo de uma praia poluída, que provoca o embate entre os que querem bloquear o acesso ao banho de mar e os que defendem a liberação para não prejudicar a economia local. Jardel Filho, Thereza Amayo, Fábio Cardoso, Eduardo Tornaghi, Esther Góes faziam parte do elenco. Com diversas tomadas feitas dentro do bar do Juca, sempre havia quem estivesse bebendo. Quando se pedia cerveja, vinha um copo de guaraná. A cachaça era água. O uísque também era guaraná, que havia perdido o gás, para evitar borbulhar ao ser servido. Só que quem fazia o papel do dono do bar era o Boldrin e que, às vezes, para mexer com os colegas durante a gravação, colocava pinga de verdade nos copos. Numa dessas brincadeiras, o personagem Zé Pedro, interpretado pelo humorista e ator Walter Stuart, prestes a cometer um assassinato, para diante do balcão e, com ar atormentado, pede uma cachaça. Boldrin serve e ele toma. Terminada a cena, Walter Stuart reclama:

– *Boldrin, que sacanagem, você me bota pinga de verdade. Eu não posso beber. Estou tomando antibiótico.*
– *Não quero saber, comigo tem que se tudo verdadeiro* – dizia Boldrin com ar sério, segurando a vontade de rir.

A equipe de produção entendeu a brincadeira e resolveu fazer parte dela.

– *Vamos ter que gravar de novo, ficou ruim o enquadramento.*

Walter Stuart precisou engolir a cachaça outra vez, e mais outra, mais outra, até reclamar e dizer que não gravaria mais. A gargalhada foi geral.

A ÚLTIMA NOVELA
E A ENTREGA À MÚSICA

Na TV Bandeirantes, Rolando Boldrin participou da saga que foi fazer a novela *Os imigrantes*, de Benedito Ruy Barbosa. Aliás, essa foi a última novela da carreira de Boldrin, que logo depois se dedicaria a projetos musicais. *Os imigrantes* havia sido rejeitada pela TV Globo e foi parar na Bandeirantes graças ao empenho de um grupo de profissionais que apostou na obra e convenceu a família Saad que o sucesso compensaria o orçamento considerado elevado demais para a época. O conselho informal da novela *Os imigrantes* reunia Atílio Riccó, Antônio Abujamra, Henrique Martins, Renata Pallotini, Wilson Aguiar e o maestro Júlio Medaglia, responsável pela trilha sonora.

O enredo se baseia na história de três Antonios, um italiano (Rubens de Falco), um português (Othon Bastos) e um espanhol (Altair Lima). Esses três personagens caminham paralelamente relatando os acontecimentos do período das imigrações a partir do início do século xx. O italiano Antonio di Salvio se torna um próspero fazendeiro ao se casar com a filha de Décio (Rolando Boldrin), um barão do café, proprietário de uma mansão na avenida Paulista. O português António Pereira, incansável namorador, sempre correndo atrás de raparigas, se torna empresário do ramo de transporte; e o espanhol Antonio Hernández, envolvido em política, só vai conseguir se sentir realizado no fim da vida.

A novela começou a ser exibida em 27 de abril de 1981, período bem anterior ao advento da internet. Quando um telespectador queria entrar em contato com a emissora, o fazia por carta e, às vezes, por telefone. Nessa época, Benedito Ruy Barbosa diz ter recebido tantas cartas que se viu na obrigação de montar um núcleo só para ler o que chegava. As pessoas se identificaram com a trama. Todas tinham um caso de imigração na família para contar. O resultado é que as mensagens incentivaram a Bandeirantes a esticar a novela, que alcançou a marca de 459 capítulos. Os personagens passaram por três gerações de imigrantes.

Até hoje, apenas três novelas superaram a longevidade de *Os imigrantes*: *Chiquititas*, do SBT (807 capítulos), *Redenção*, da TV Excelsior (596 capítulos), e *Caminhos do coração*, da Rede Record (583). Nada menos que 152 atores e atrizes passaram pelo elenco. Houve também os núcleos que representaram imigrantes japoneses e árabes. Foi uma das maiores concentrações de artistas consagrados da TV, teatro, cinema e música, todos ocupando os mesmos estúdios: Paulo Autran, Norma Bengell, Fúlvio Stefanini, Herson Capri, Yoná Magalhães, Flora Geny, Paulo Betti, Fausto Rocha, Agnaldo Rayol, Nicole Puzzi, Ricardo Blat, Miriam Mehler, Lília Cabral, Carlos Takeshi, Ary Toledo, Thales Pan Chacon, entre outros.

Diante de tantas atividades entre a TV e o teatro, fica difícil imaginar que sobraria tempo para pensar em música. Mas sobrava, ou melhor, Boldrin dava um jeito de investir em composições e reviver os velhos tempos do cantador e sua viola. Naquele período, ele começava a namorar Lurdinha, cantora de voz suave e dicção perfeita, uma morena simpática, preferida das agências de propaganda para gravação de *jingles* publicitários. Lurdinha, que cantava desde criança, interpretou um dos comerciais mais lembrados até hoje, o dos cobertores Parahyba. Era um desenho animado no qual três irmãos apareciam de pijama segurando candelabros e se dirigindo ao quarto. Lurdinha cantava: *"Já é hora de dormir, não espere a mamãe mandar, um bom sono pra você e um alegre despertar".*

Com letra e música do maestro Erlon Chaves, a propaganda também indicava o encerramento da programação que podia ser compartilhada com o público infantil na TV Tupi. A partir dali viriam as sessões destinadas aos adultos.

O romance com Lurdinha Pereira resultou na compra do primeiro imóvel e o fim de moradias de aluguel. Boldrin vendeu uma linha telefônica e um veículo Fiat 147 e Lurdinha, que tinha um carro idêntico, fez o mesmo. Uma poupança alimentada com cachês de shows, de contratos para atuar como mestre de cerimônia e em festas de debutantes também entrou na aquisição do apartamento no edifício de esquina das ruas Mourato Coelho e Pinheiros. Eram dois quartos e uma sala, ambientes pequenos, mas aconchegantes o suficiente para um casal recém-formado.

Lurdinha Pereira tinha uma filha de 2 anos quando foi morar com Boldrin. A menina Vera Lúcia foi registrada com o sobrenome do padrasto. Foi amor à primeira vista. Viveram como uma família harmoniosa. Vera Lúcia também deu a Boldrin o primeiro neto, Marcus, que é comandante de aviação. O jovem Marcus também foi registrado como filho.

Assim como Boldrin, Lurdinha faz parte da história da televisão no Brasil. Paulistana do bairro de Pinheiros, aos 9 anos atuava como figurante no programa Clube do Papai Noel, apresentado por Homero Silva, na Rádio Tupi. Em 1949, aos 13 anos, foi contratada com carteira assinada como cantora da emissora, ou seja, antes do advento da televisão no país. Quando surgiram os primeiros musicais na TV, Lurdinha já estava lá e viu muitos dos grandes talentos surgirem: Hebe Camargo, Lolita Rodrigues, Agnaldo Rayol, Os 3 Morais, Cidinha de Freitas, entre outros.

Ela gostava do trabalho no estúdio de gravação, de fazer segunda voz e terceira voz, mas era difícil não reparar naquela jovem de timbre suave e juvenil. Embora estivesse no meio artístico desde criança, Lurdinha se considerava uma pessoa tímida. Não costumava fazer amizades, que se limitavam ao grupo do estúdio e aos maestros Élcio Álvares e Erlon Chaves.

Para sua surpresa, em um fim de semana recebeu um telefonema de Danilo, um dos integrantes do Grupo Farroupilha, que começou a carreira com um típico som gaúcho com muita gaita e sanfona, como em "Gauchinha bem querer". Porém, o grupo despontou no cenário nacional com a composição singela de "Papai Walt Disney", que aproveitava o noticiário sobre o projeto de entretenimento chamado Disneylândia, parque temático da Califórnia. O refrão dizia:

Papai Walt Disney, não nos abandone.
O seu talento é mensagem de esperança.
Até vovó acha uma graça,
e num instante se torna criança.

Danilo a convidou para fazer parte do grupo em substituição a Iná, a cantora oficial, que estava grávida. Era uma responsabilidade e tanto participar de um conjunto consagrado. Ela aceitou e precisou decorar nada menos que 130 músicas. Deu conta do recado e lá foi ela para a turnê internacional do Grupo Farroupilha. Houve apresentações em Washington, Nova York, em todos os países da América do Sul; conheceu as capitais brasileiras e os rincões da nação. Foram cinco anos de trabalho intenso. A essa altura dos acontecimentos, Iná estava de volta e, mesmo assim, Lurdinha permaneceu na trupe ao lado de Danilo, Tasso e Iná.

Conjunto Farroupilha, formado por Tasso Bangel, Danilo Vidal, Iná Bangel, Estrela d'Alva e Lurdinha Pereira, na década de 1960.

A última novela e a entrega à música

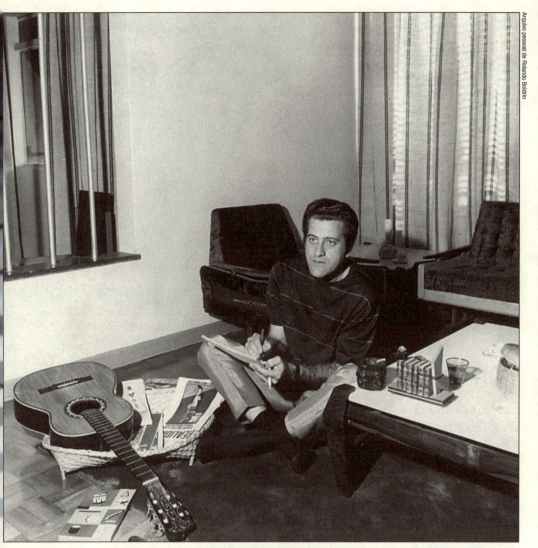

Compondo no apartamento
em Pinheiros, na cidade de São Paulo, em 1968.

Com Lurdinha Pereira no Festival da Viola, realizado no auditório da TV Tupi, em 1970. A dupla cantou a música vencedora "À minha moda", composta por Rolando Boldrin.

O Farroupilha, no entanto, perdeu um importante patrocinador, a Viação Aérea Rio-Grandense (Varig), e as viagens começaram a minguar. Lurdinha achou que estava ganhando pouco para tanto esforço e resolveu deixar o grupo para voltar aos estúdios, onde trabalhou por mais dez anos. Na companhia de Rolando Boldrin, houve uma nova guinada na carreira. Ela define o companheiro com quem se relacionou por 46 anos da seguinte maneira: *"Ele é um homem maravilhoso, generoso, bom pai, avô e bisavô e, certamente, foi um bom marido. É uma pessoa muito correta e tem uma personalidade muito forte. Feliz daquele que foi ou é amigo do Rolando"*.

Uma das poucas vezes em que Boldrin e a esposa ocuparam o mesmo palco foi em 1970, no Festival da Viola, um evento destinado à música do sertão e que teve como um dos coordenadores o lendário produtor musical, diretor e apresentador Fernando Faro, profissional que impulsionou a carreira de nomes respeitados da música popular brasileira. Para concorrer no festival da Tupi, Boldrin compôs "À minha moda", cantada em dueto com Lurdinha.

Quando falta o teu amor
Meu violão me consola
Vou pro canto, tiro verso
Meu samba desenrola
Juro que ninguém hoje me tira a viola
Eu vim de longe, sou trabalhador
Meu pai foi cantador, e eu quis entrar na moda
E fiz a minha roda, a roda à minha moda
É triste a minha roda, é roda à minha moda.

Na noite da grande final, o júri decidiu pelo empate entre "À minha moda" e "Viola e carabina", de Nonô Basílio.

A ideia de investir em talentos levou Boldrin a compor com mais intensidade. Ele queria ver a mulher conquistando o merecido espaço como intérprete musical. Para quem não lia cifras e costumava tocar de ouvido, o processo de composição era o seguinte: fazer a letra entoando a melodia no violão. Depois gravava em fita cassete e levava a obra a um maestro e arranjador, que faria a partitura e os arranjos. Quem tinha algum dinheiro sobrando levava a composição para editar e garantir os direitos autorais. Boldrin costumava entregar suas letras na editora Vitale. O último passo era buscar uma gravadora. A escolhida de Boldrin nessa sua primeira investida foi a Chantecler, que se destacava por reunir artistas populares.

A gravadora Chantecler surgiu, assim como a Continental, a partir de uma parceria com uma empresa internacional, no caso, a gravadora RCA. Operando no Brasil desde 1938, a RCA contava, para a distribuição de seus produtos, com os serviços da Cássio Muniz S/A, uma empresa de vendas no atacado e varejo. Localizada na praça da República esquina com a Rua do Arouche, a Cássio Muniz contava com uma rede de representantes espalhada por todo o país. Por seu intermédio, ela distribuía, além de toda a linha de discos e equipamentos eletrônicos da RCA-Victor (toca-discos, rádios e televisores), aviões da Cessna, veículos da GM e todo um vasto catálogo de produtos (em sua maioria importados). Ao decidir criar, em 1956, a sua própria rede de distribuição no país, a RCA sugeriu a Cássio Muniz – como uma forma de compensação – que criasse sua própria gravadora valendo-se do *know how* da empresa. O acordo era de que a Cássio Muniz mantivesse, ainda por dois anos, a distribuição de discos da RCA para poder consolidar seu próprio investimento na área. Nascia assim a gravadora Chantecler, nome derivado da expressão francesa *chant clair* ("canto claro") e tendo a imagem de um galo como seu logotipo.

A primeira música de Boldrin entregue na Chantecler foi "Papéis velhos", feita em parceria com Geraldo Vietri, autor e diretor de novelas. A composição foi gravada por Lurdinha Pereira, em 1961, num disco de 78 rotações.

> *Joguei fora uma porção de papéis velhos.*
> *Simples páginas que não tinham mais valor.*
> *Escrevi quando a ele eu queria.*
> *Quando ainda era ele o meu amor.*

A música foi bem recebida pelo público, tornando Lurdinha Pereira um nome conhecido. Logo em seguida, Boldrin apareceu com outra música, "Do que eu gosto mais", um maxixe (dança de salão parecida com o tango), que também seria gravado somente por Lurdinha Pereira, não fosse um detalhe importante. Quem estava no comando artístico da Chantecler desde o nascimento da gravadora era Diogo Mulero, conhecido por Palmeira, nome que usou quando participava de duplas sertanejas. Era Palmeira e Luizinho, Palmeira e Biá. Considerado um descobridor de talentos, foi responsável pelo lançamento de Edith Veiga, um dos grandes nomes da música popular da época. Um dia, num bate-papo com Rolando Boldrin, ele ligou o gravador de fita cassete e disse: *"Ouve isso aqui, Boldrin, vai ser um grande sucesso"*. Apertou o botão *play* e uma música de ritmo gaúcho começou com a introdução da sanfona.

> *O maior golpe do mundo,*
> *que eu tive na minha vida,*
> *foi quando com 9 anos*
> *perdi minha mãe querida.*
> *Morreu queimada no fogo,*
> *morte triste e dolorida,*
> *que fez minha mãezinha*
> *dar o adeus da despedida.*
> *Vinha vindo da escola,*
> *quando de longe avistei*
> *o rancho que nós morava,*

> *cheio de gente encontrei.*
> *Antes que alguém me dissesse,*
> *eu logo imaginei*
> *que o caso era de morte*
> *da mãezinha que amei.*

Surpreso com a letra tão explícita de uma tragédia, Boldrin considerou uma loucura lançar uma música como aquela. Palmeira sorriu e revelou que as pessoas que ouviram aquela melodia tiveram a mesma reação, ou seja, todos rejeitavam a composição. *"Pode escrever aí, Boldrin. Vou gravar essa música com um gaúcho que se veste da forma tradicional, bombacha e tudo o mais. Vai ser um sucesso"*, repetiu.

Mais uma vez, Palmeira cumpriu a previsão. O gaúcho que ele citara era Vitor Mateus Teixeira, mais conhecido como Teixeirinha, um intérprete da chamada música nativista, dos pampas, que se tornou um fenômeno do disco e, depois, do cinema. Gravou mais de 50 discos, em média dois por ano, e fez 12 filmes. Era comparado a Mazzaropi em termos de popularidade. A música de estreia, "Coração de luto", composta pelo próprio Teixeirinha, ficou conhecida como "churrasquinho de mãe".

Foi Palmeira quem fez Rolando Boldrin gravar a primeira música. Durante os ensaios para a gravação de "Do que eu gosto mais" na Chantecler, Palmeira pediu a Boldrin para entrar no estúdio e fazer um dueto com Lurdinha Pereira. Boldrin relutou, porém, diante da insistência do amigo, não teve como evitar. Palmeira considerou que o dueto chamaria muito mais a atenção do público e, dessa forma, a música foi lançada. O refrão caiu no gosto popular: "*...mas o que eu gosto mais é do carinho que você me faz*". "Do que eu gosto mais" foi a primeira música a ter a voz de Boldrin, que passou a experimentar o recebimento de honorários como cantor e compositor. A partir daí, a vida musical deslanchou. Em 1974, ele gravou o primeiro LP solo, *O cantadô*, com dez composições próprias e apenas duas exceções: "Quanto vale uma criança", de Gianfrancesco Guarnieri e Toquinho; e "Capoeira do Arnaldo", de Paulo Vanzolini.

Dois anos depois, veio outro LP *Êta mundo*. A música de trabalho, como é chamada a composição que encabeça o disco e é vista como a mais comercial, tinha um refrão fácil de cantar:

> *Ei, êta luta, êta mundo, lá, lá, rá. Ei, êta luta, êta mundo, lá, lá rá.*
> *Ensinei a meninada as toadas do sertão.*
> *Pra cantar de madrugada nas festa de mutirão.*
> *Falei tudo o que pensava, a que nunca tinha visto*
> *Falei de coisas passadas nos tempos de Jesus Cristo.*

No terceiro LP, *Longe de casa*, Boldrin deixou um pouco de lado o trabalho autoral e passou a ampliar as oportunidades para outros artistas. Ele gravou letras de João Pacífico, Raul Torres, Batista Júnior, Alvarenga e Ranchinho e Cornélio Pires. O sucesso do disco foi tão surpreendente que passou a ocupar lugar de destaque nas paradas de sucesso também nas emissoras de rádio do Rio de Janeiro, que não eram tão receptivas à música caipira. Algo que chamou a atenção no LP *Longe de casa* foi a didática empregada pela Chantecler a pedido de Boldrin. Músicas com ritmos bem definidos. "Que linda morena", de Raul Torres, é apresentada como valseado:

> *Aonde que eu moro tem uma morena*
> *Que linda pequena que me faz pena.*
> *Na estrada de ferro, na estrada de linha*
> *Linda moreninha, nóis vamo passeá...*

"Mágoa de carreiro", do compositor Batista Júnior, é um exemplo de como é o cateretê, dança e ritmo brasileiros de origem indígena, em que homens e mulheres enfileirados marcam o passo batendo palmas e os pés:

> *O progresso me arruinou,*
> *Ai, minha vida de carreiro.*
> *Meu carro tá se estragando,*
> *Ai, sem abrigo no terreiro.*

Outro disco de Boldrin que foi parar inclusive em catálogos internacionais é *Rio abaixo*, lançado em 1979. Na capa, a referência caipira, com o cantor e sua viola à frente de uma casinha humilde e afagando os cabelos de uma criança. *Rio abaixo* também é o nome dado a uma das afinações da viola, a primeira que Boldrin aprendeu. A faixa "Boiada cuiabana", de Raul Torres, teve declamações de Boldrin e Lurdinha Pereira.

> *Vou contar a minha vida*
> *do tempo que eu era moço*
> *de uma viagem que fiz*
> *lá pro sertão do Mato Grosso.*

> *Fui buscar uma boiada*
> *isto foi no mês de agosto.*
> *Meu patrão foi embarcado*
> *pra linha Sorocabana.*
> *Capataz da comitiva*
> *era o Juca flor da fama.*
> *Fui tratado pra trazer*
> *uma boiada cuiabana.*

O LP *Caipira* (1981) consolidou a parceria com o artista plástico Elifas Andreato, também chamado de "capista", tamanha a importância que se dava à capa de disco. Eram colagens, fotos e pinturas, verdadeiras obras de arte. Elifas reproduziu o quadro de Almeida Júnior *Caipira picando fumo*, colocando a imagem de Boldrin no lugar do matuto descalço. Entre as 12 músicas do disco, um clássico inesquecível, "Romance de uma caveira", de Alvarenga, Ranchinho e Francisco Sales, algo que somente a cultura sertaneja poderia produzir através do imaginário dessa gente simples do campo, que fala com a convicção das testemunhas do sobrenatural.

> *Eram duas caveiras que se amavam*
> *e à meia-noite se encontravam.*
> *Pelo cemitério os dois passeavam*
> *e juras de amor então trocavam.*
> *Sentados os dois em riba da lousa fria,*
> *a caveira apaixonada assim dizia.*
> *Que pelo caveiro de amor morria*
> *e ele de amores por ela vivia.*
> *Ao longe uma coruja cantava alegre*
> *ao ver os dois caveiros assim felizes.*
> *E quando se beijavam em tom fúnebre,*
> *a coruja batendo as asas pedia bis.*
> *Mas um dia chegou de pés juntos*
> *um cadáver novo de um defunto.*
> *E a caveira dele se apaixonou*
> *e o caveiro antigo abandonou.*
> *O caveiro tomou uma bebedeira*
> *e matou-se de um modo romanesco.*
> *Só por causa dessa ingrata caveira*
> *que trocou ele por um defunto fresco.*

No ano seguinte foi lançado o disco *Violeiro* e mais uma vez a capa tinha a assinatura de Elifas Andreato com outra reprodução de um quadro de Almeida Júnior, desta vez a pintura *O violeiro*, que tem um caipira sentado no beiral de uma janela segurando uma viola. O disco resgatou companheiros de duplas cujos parceiros haviam morrido, a exemplo de Alvarenga e Inhana. Entre as faixas está a música "Felicidade", composta por Barreto e Barroso, que introduziu o lamento sertanejo novamente com uma declamação, e que Boldrin gravou com o irmão Formiga revivendo da dupla Boy e Formiga:

> *Felicidade onde está que não responde.*
> *Se escondeu não sei a donde que eu canso de procurar.*
> *A saudade! Essa sim tá sempre junto de mim em tudo quanto é lugar.*

Boldrin gravou em 1991 o disco *Perto de casa*, o que muitos encararam como um contraponto ao trabalho *Longe de casa*, da década anterior. Os dois LPs, no entanto, deixaram claro que mesmo perto ou distante, ele carrega sempre a origem humilde e se mantém um apaixonado por coisas simples, um ser que enxerga São Joaquim da Barra, Guaíra, em todo o canto que lhe abre espaço para o desempenho artístico. *Perto de casa* tem composições de Roberto Carlos, Erasmo Carlos, Xororó, Tonico, João Pacífico, Maurício Duboc, Carlos Cola e Catulo de Paula. Boldrin se orgulha de ter gravado a versão feita por Chico Buarque de Holanda para "Minha história", composição dos italianos Lucio Dalla e Paola Pallotino.

> *Ele vinha sem muita conversa e sem muito explicar.*
> *Eu só sei que falava e cheirava e gostava de mar.*
> *Sei que tinha tatuagem no braço e dourado no dente.*
> *E minha mãe se entregou a esse homem perdidamente.*
> *Ele assim como veio partiu não se sabe pra onde*
> *e deixou minha mãe com o olhar cada dia mais longe.*
> *Esperando, parada, pregada na pedra do porto.*
> *Com o seu único e velho vestido cada dia mais curto.... lá ia lá iá...*

Rolando Boldrin se preocupa com a diretriz da renovação imposta pela indústria fonográfica em seus trabalhos. Mesmo que a base, a raiz, seja mantida, é necessário trazer algo que mostre evolução ou criatividade. E isso se faz com muita pesquisa, muita conversa de bar e experimentos de novos acordes, de novos arranjos. Pensando sempre em aprender, Boldrin buscou parcerias com gente de todo o Brasil. E foi de parcerias com Tom Zé, Laureano, Capitão Furtado, Arlindo Santana, Alvarenga, Ranchinho e Severino Pelado que surgiu o *Disco da moda*, em 1993. Como em algumas músicas Boldrin fazia dueto com ele mesmo, Elifas Andreato imaginou uma capa com um Boldrin sentado segurando um violão, conversando com outro Boldrin. O disco traz a famosa "Moda da pinga", composta por Laureano e eternizada na voz de Inezita Barroso. Uma letra interessante que revela a conjunção de palavras ao ritmo do sotaque caipira:

> *Co'a marvada pinga é que eu me atrapaio.*
> *Eu entro na venda e já dô meu taio.*
> *Pego no copo e dali não saio.*
> *Ali mesmo eu bebo, ali mesmo caio.*
> *Só pra carrega é queu dô trabaio, oi lá.*

Na música "Moda do jogo", do próprio Boldrin, ele conta o causo de um cidadão que só joga carteado sozinho:

> *Só tem um jogo maroto.*
> *É o truco eu não vou jogar.*
> *Nele xinga a mãe dos outro.*
> *Minha mãe não vou xingar.*
> *Disseram que eu tô pancada.*
> *Jogando assim, eu mais eu.*
> *Mas se ganho perco nada.*
> *E se eu perder ganhou eu.*

Com Tom Zé surgiu a "Moda do fim do mundo":

> *Cumpadi em Brasília espalharam um boato muito chato*
> *que o mundo vai acabar.*
> *Vancê fique de oreia no rádio,*
> *vancê fique de oio no jorná.*
> *Porque, vô te contá,*
> *no dia que o mundo se acaba.*

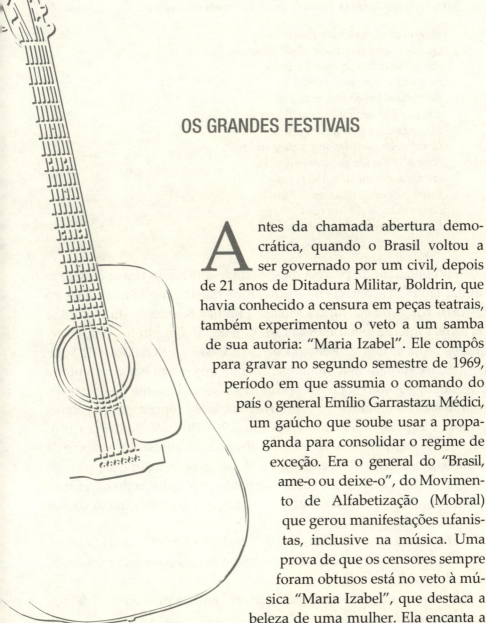

OS GRANDES FESTIVAIS

Antes da chamada abertura democrática, quando o Brasil voltou a ser governado por um civil, depois de 21 anos de Ditadura Militar, Boldrin, que havia conhecido a censura em peças teatrais, também experimentou o veto a um samba de sua autoria: "Maria Izabel". Ele compôs para gravar no segundo semestre de 1969, período em que assumia o comando do país o general Emílio Garrastazu Médici, um gaúcho que soube usar a propaganda para consolidar o regime de exceção. Era o general do "Brasil, ame-o ou deixe-o", do Movimento de Alfabetização (Mobral) que gerou manifestações ufanistas, inclusive na música. Uma prova de que os censores sempre foram obtusos está no veto à música "Maria Izabel", que destaca a beleza de uma mulher. Ela encanta a todos, até mesmo à sentinela de um quartel. Porém, só o fato de citar o Exército foi o suficiente para a letra receber o carimbo de reprovado. Boldrin voltou a cantar a música em seu programa na TV Cultura e só em 2016 incluiu "Maria Izabel" no CD *Lambendo a colher*.

> *Maria Izabel mobiliza o quartel.*
> *Quando passa sorrindo coitado da sentinela.*
> *Por causa dela o capitão deu baixa*
> *e o tenente já perdeu a patente.*
> *E o coronel leu na ordem do dia:*
> *tem três dias de molho quem gostar de Maria.*
> *Maria Izabel que bonito papel.*
> *O mel desse olhar balançou meu quartel.*
> *Ninguém duvida que a ordem unida*
> *quem vai comandar é Maria Izabel.*
> *Estou na guerra de amor de Maria*
> *e dia a dia aparece um rival.*
> *E se Maria conquistar general,*
> *virá a Terceira Guerra Mundial.*

A mobilização da parcela da sociedade que não aceitava o Regime Militar também acontecia nos festivais de música, muito marcantes na história, como o Festival da Música Popular Brasileira, da Record, e o Festival Internacional da Canção (FIC), da Globo. Muitos deles celebrados sob a batuta de Renato Correia e Castro, o Renatão, e de Solano Ribeiro, profissional que mostrou jogo de cintura para enfrentar a pressão do governo sobre compositores declaradamente de esquerda, comunistas e militantes da contrarrevolução. Na época em que começaram os festivais, em meados dos anos 1960, Rolando Boldrin e Chico Buarque se reuniam com frequência. Eram companheiros de copo e de arranjos e composições. A exemplo de tantas outras duplas e trios de compositores, a inspiração surgia do bate-papo na mesa do bar. Chico e Boldrin costumavam fazer uma competição para saber quem conhecia mais o trabalho de compositores.

– *Hoje vamos apostar uma garrafa de conhaque Dreher* – dizia Boldrin.
– *Tudo bem* – respondia Chico. – *Vamos ver quem conhece mais samba de Noel Rosa.*

Um tinha que dar sequência à estrofe cantada pelo outro. E a contenda começava:

Boldrin: *Você ganhou no jogo do riso, mas saiu perdendo...*
Chico: *A sua hora certa, o seu amor preciso, eu fiquei devendo...*
Boldrin: *Quem deve e não paga a um amor que se ganha chorando e sofrendo...*
Chico: *Tem a qualidade de sentir saudade sem estar morrendo...*

Pena que nessa época não havia celulares para gravar esse momento tão emblemático da música brasileira. É de se imaginar a cena desses dois bambas, olhos nos olhos, revelando em momento de descontração um conhecimento inigualável do acervo cultural do país.

Numa dessas conversas, rabiscando letras em guardanapos do Bar Redondo, na rua Rêgo Freitas, bem ao lado do Teatro de Arena, Chico disse que gostaria de se inscrever no festival da Record. Estava finalizando uma música e via nela potencial para conquistar algum prêmio. Chico havia acabado de lançar o primeiro disco, um compacto que trazia "Pedro Pedreiro", e estava animado com a repercussão causada pela obra. Boldrin disse que também faria uma canção e os dois marcariam para irem junto inscrevê-las na competição.

No dia marcado, Boldrin passou no casarão do Pacaembu, onde Chico e as irmãs moravam com os pais, dona Maria Amélia e o historiador Sérgio Buarque de Holanda. O imóvel estilo chalé normando era ponto de encontro de artistas e acadêmicos, como Antonio Candido, Fernando Henrique Cardoso, Caio Prado Júnior e Gilberto Freire. Chico abriu a porta ainda abotoando a camisa social de manga curta e fez um gesto para o amigo entrar, pedindo desculpas por estar atrasado.

Dona Maria Amélia e a empregada estavam acabando de finalizar os pratos do almoço e a casa exalava um cheiro peculiar de tempero apimentado. O estrogonofe de frango era uma das receitas preferidas de Chico, mas ele pretendia deixar o almoço para depois de entregar a música no Teatro Record, que funcionava na rua da Consolação, a poucos quilômetros do Pacaembu. Dona Maria Amélia, porém, foi irredutível. Proibiu o filho de sair sem estar alimentado. Boldrin foi convidado a fazer parte da mesa, mas já havia almoçado e preferiu ficar na poltrona da sala, ao lado do violão e dos papéis de anotações espalhados pelo jovem e talentoso compositor. De repente, Chico, segurando o prato na mão, apareceu na sala e pediu a Boldrin que cantasse um trecho da música que entregaria no festival. Boldrin havia composto o samba "Paz na terra ao saci de boa vontade". Ele segurou o violão, arpejou alguns acordes, girou o ferrolho para adequar a afinação e cantou:

> *Quem tem pé tem tudo, tadinho de quem não tem pé.*
> *Quem tem pé tem tudo, tadinho de quem não tem pé.*
> *Eu vivo só neste meu mundo, sou o Saci Pererê.*
> *Sou preto, sou pobre, sou feio e assusto quem me vê.*
> *Mas tenho a sorte de ser capaz de pensar*
> *na morte sorrindo e pedindo paz.*

Chico deu boas risadas ao observar o jeito brincalhão de Boldrin e disse que a música iria fazer sucesso no Carnaval. Ao deixar o prato de lado, Chico pegou o violão e começou a tocar "A banda". Boldrin era a primeira pessoa que ouvia a música:

> *Estava à toa na vida,*
> *meu amor me chamou*
> *pra ver a banda passar*
> *cantando coisas de amor.*
> *A minha gente sofrida*
> *despediu-se da dor,*
> *pra ver a banda passar*
> *cantando coisas de amor.*
> *O homem sério que contava dinheiro parou,*
> *o faroleiro que contava vantagem parou*
> *A namorada que contava as estrelas*
> *parou para ver, ouvir e dar passagem...*

Boldrin nunca teve resposta da Record para a sua composição. Com o anúncio das classificadas para o segundo festival, ficou claro que estava fora da competição. Naquele ano, o público se dividiu entre "A banda" e "Disparada", de Théo de Barros e Geraldo Vandré (*"Prepare o seu coração pras coisas que eu vou contar/Eu venho lá do sertão e posso não lhe agradar..."*). A interpretação contundente de Jair Rodrigues se contrapunha à melodia serena de Chico Buarque e Nara Leão. O júri estabeleceu o empate. "A banda" e "Disparada" levaram o primeiro prêmio. Tomando gosto pelos festivais, em 1968, Boldrin participou da eliminatória no Tuca, Teatro da Pontifícia Universidade Católica (PUC-SP), no bairro de Perdizes. Com transmissão pela TV Globo, ele apresentou a música "Onde anda Iolanda" e foi ovacionado pelo público:

Onde anda Iolanda, que entortou a minha vida
Que calou meu violão, que escondeu minha bebida
Que jurou botar veneno, no meu prato de comida
Que jurou botar veneno, no meu prato de comida
Iolanda tem defeitos, mas respeita a minha dor
Fez um livro de receitas, pra eu ser trabalhador
Gosta de me dar conselhos, mas meu samba não suporta
Ai, meu Deus que a conserve, bem longe de minha porta...

O portal Memória/TV Globo na internet coloca "Onde anda Iolanda" como uma das músicas mais aplaudidas do festival. Mas o apoio do público não foi suficiente para levar a canção à final no Maracanãzinho, no Rio de Janeiro. Havia dois movimentos entre os jurados: um queria trabalhar com a poesia pura e simples e outro, formado pela maioria, defendia uma letra engajada, de protesto, diante do endurecimento do Regime Militar. Naquele ano, em dezembro, o general Arthur da Costa e Silva aplicaria o Ato Institucional 5, fechando o Congresso Nacional, cassando mandatos parlamentares e dando a governos e municípios poderes para prender os chamados subversivos. Nesse sentido, a grande favorita era "Pra não dizer que não falei das flores", de Geraldo Vandré, música que ele mesmo interpretou em 1968. Era um verdadeiro hino, que pedia sangue nas veias para superar o período sombrio que marcava o país.

Caminhando e cantando e seguindo a canção.
Somos todos iguais, braços dados ou não.
Nas escolas, nas ruas, campos, construções.
Caminhando e cantando e seguindo a canção...

O refrão era entoado por um coro de 20 mil vozes:

Vem, vamos embora, que esperar não é saber.
Quem sabe faz a hora, não espera acontecer...

Apesar da consagração de Vandré, a cúpula da TV Globo interferiu no resultado. A música vencedora foi "Sabiá", de Tom Jobim e Chico Buarque, interpretada pela dupla feminina Cynara e Cybele. Quase não deu para ouvir as duas cantando, tamanha a vaia recebida durante a entrega do prêmio.

No ano seguinte, Boldrin voltou às eliminatórias do Festival da Música Brasileira, na mesma TV Globo, com "Porta 33", parceria com o ator e diretor Adriano Stuart. Em razão dos problemas registrados no festival passado, e com o país vivendo uma fase pesada dos chamados anos de chumbo, a emissora da família Marinho proibiu letras de protesto. "Cantiga por Luciana", de Edmundo Souto e Paulinho Tapajós, interpretada por Evinha, ficou com o primeiro lugar. Boldrin deixaria a sua marca com um samba, que foi gravado pelos Titulares do Ritmo, um grupo formado por cantores cegos.

Depois de se mudar para o Rio de Janeiro, Chico Buarque veio a São Paulo assistir à peça *Oh, que delícia de guerra*, que tinha o amigo Boldrin no elenco. Foi quando ele apresentou a nova namorada, a atriz Marieta Severo, com quem viria a se casar. Os dois trocaram ideias de novas músicas e começaram a trabalhar a letra de "O santo de cá". O problema é que Chico estava na mira dos órgãos segurança pública por causa do lançamento de sucessos como "Roda viva", além de ter estado na linha de frente da Marcha dos 100 Mil, uma gigantesca manifestação contra a repressão do Regime Militar. Com o cerco se fechando, Chico decidiu ficar uns tempos na Europa e viajou para a Itália em 1969. Ao ser informado sobre a viagem do amigo, Boldrin foi ao Rio de Janeiro para encontrá-lo no aeroporto. Levou todos os documentos necessários para o registro da música "O santo de cá" em nome dos dois. Mas Chico se recusou a assinar, argumentando que não tinha feito mais do que uma estrofe e que toda a inspiração era de Boldrin. Desejou boa sorte ao amigo e partiu, retornando ao Brasil somente um ano depois. Embora também tivesse um viés de contestação, "O santo de cá" parece não ter incomodado os militares.

> *Castigo do céu vai chegar*
> *Quem deve e não paga vê lá*
> *Tem que inventar oração*
> *Ouvir de rastro no chão*
> *Perdão não foi feito pra dar*
> *A quem não conhece perdão*
> *É hora de ir pra canoa.*
> *Remando pra banda de lá*

A banda de cá é só nossa
Só entra quem sabe sambar
O samba ficou do meu lado
O resto ficou com vocês
Quem samba não fica parado
Quem para de amar perde a vez
Meu santo não gosta de abuso
Só entra na casa de quem
Não tem muita coisa pra dar
Mas não quer tirar de ninguém
É hora de ir pra canoa
Remando pra banda de lá
A banda de cá é só nossa
Só entra quem sabe sambar

Chico Buarque compôs o seguinte trecho da música:

O samba ficou do meu lado/ O resto ficou com vocês.
Quem samba não fica parado/ Quem para de amar perde a vez.

Ele ainda demonstraria sua admiração por Boldrin numa mensagem ao amigo, que seria impressa, mais tarde, na contracapa do disco *O cantadô*: "Fui plateia exclusiva de algumas primeiras audições de sambas seus, como 'Onde anda Iolanda' e 'Que morena'. Mas não é pelo boa-praça que ele é ou pela boa companhia que me foi que o recomendo. Rolando Boldrin canta direito o que compõe honesto. É por isso que eu, Chico, mas jamais boateiro, assino embaixo."

Na mensagem, Chico Buarque se referiu à música "Chico boateiro", que ele gostava muito.

Olha o Chico Boateiro.
Que prazer mais lindo.
De contar mentiras,
de tão lindo enredo.
E diz que foi com ele que aconteceu.
Diz que foi com ele que aconteceu.
Forma-se a roda, o Chico então começa.
Vai pregando peça.
E peça quem quiser.
Que ele inventa outra história...

> Saído moço de S. Joaquim de Barra pra S. Paulo, o Rolando soube temperar o samba urbano paulista com aquele jeitinho lá de dentro. Conheci-o como ator (êle, eu não!) do grupo Oficina, quando nos contratamos reciprocamente pra tons papos e voitades. Fui platéia exclusiva de algumas primeiras audições de sambas seus, como "Onde anda Iolanda" e "Que morena!". Mas não é pela boa-praça que êle é ou pela boa companhia que me foi que o recomendo. Rolando Boldrin canta direito o que compõe honesto. É por isso que eu, Chico, mas jamais fofoqueiro, abaixo assino:
>
> *Chico Buarque*

Carta de Chico Buarque de Holanda
que foi impressa na contracapa do disco *O cantadô*.

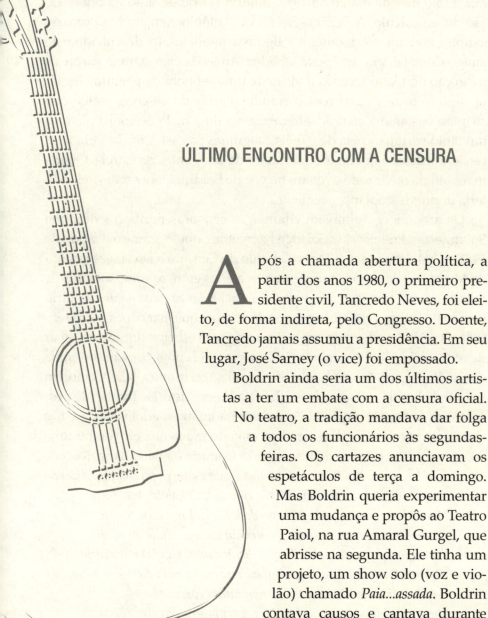

ÚLTIMO ENCONTRO COM A CENSURA

Após a chamada abertura política, a partir dos anos 1980, o primeiro presidente civil, Tancredo Neves, foi eleito, de forma indireta, pelo Congresso. Doente, Tancredo jamais assumiu a presidência. Em seu lugar, José Sarney (o vice) foi empossado.

Boldrin ainda seria um dos últimos artistas a ter um embate com a censura oficial. No teatro, a tradição mandava dar folga a todos os funcionários às segundas-feiras. Os cartazes anunciavam os espetáculos de terça a domingo. Mas Boldrin queria experimentar uma mudança e propôs ao Teatro Paiol, na rua Amaral Gurgel, que abrisse na segunda. Ele tinha um projeto, um show solo (voz e violão) chamado *Paia...assada*. Boldrin contava causos e cantava durante duas horas, sem intervalo e sem microfone. Tudo no gogó. O Teatro Paiol topou a empreitada desde que Boldrin trouxesse o patrocínio, o que ele conseguiu com a companhia aérea TAM. Era o mês de março de 1987. Boldrin fez quase tudo na organização do espetáculo. A iluminação foi de Antônio Abujamra. O cenário simples, com mesinha, cadeira e alguns artesanatos, foi desenhado pelo amigo Carvajal, um cenógrafo amador. Antes da estreia, uma surpresa, a direção do teatro recebeu a visita de uma senhora de postura elegante, vestido bege, óculos com correntinha atrás do pescoço, e algo que chamou bastante a atenção: ela carregava uma mala de couro preta, já um tanto surrada, cheia de papéis e algumas pastas. A mulher era uma censora federal e queria todo o roteiro da peça antes da estreia. Queria mais, queria ouvir todo o roteiro na voz de Boldrin, para saber se ele não faria improvisações inconvenientes.

Os artistas costumavam chamar as censoras mulheres de dona Solange, uma referência a Solange Hernandes, que, durante o período de 1981 a 1984, comandou o Departamento de Censura e Diversões Pública do Ministério da Justiça. Era comum os alertas entre os companheiros de palco: *"Se você falar isso no espetáculo, a dona Solange vai te pegar"*. Boldrin nem se preocupou em saber o nome da censora que ficou duas horas sentada na primeira fileira de um teatro vazio sem esboçar um sorriso ou ar de repreensão. Com o roteiro em mãos, ela fazia anotações e interrompia o monólogo para fazer observações e até sugerir outra fala. Como em todo trabalho que desenvolveu, Boldrin busca histórias tiradas de pessoas com quem ele realmente conviveu na infância, adolescência e nas andanças pelo interior. Em um determinado momento, ele contou uma conversa que teve com o dentista de São Joaquim da Barra, Aniz João:

– *Seu Aniz, eu vou fazer um show lá em São Paulo e vou começar dizendo que sou do interior de uma cidade com 30 mil habitantes.*

– *Nesse show você só pode falar verdade?* – indaga o dentista.

– *Claro que não, a gente também inventa uma coisinha ou outra.*

– *Então por que vancê não fala que São Joaquim tem 50 mil moradores?*

– *Tá bom. E eu vou dizer também que eu sou da terra da soja e do sapato.*

– *E é bom dizer também que aqui tem muita corrupção.*

– *Num dá, doutor Aniz. Se falar em corrupção a censura corta.*

– *Só se cortar a soja e o sapato.*

Nesse momento, a censora disse que era preciso mudar a piada, que ainda nem havia chegado ao final, e tirasse a palavra corrupção. O diálogo com o dentista perderia o sentido, e Boldrin achou melhor tirar toda a piada do que fazer remendos.

Em outro momento, Boldrin dizia: *"Como é bom ser famoso. Vocês sabem que um dia eu estava indo para a minha terra, visitar uns parentes, e parei na lanchonete de um posto de gasolina para comer alguma coisinha. E na mesma hora, parou um ônibus de excursão. Desceu um monte de gente que me reconheceu e veio me pedir autógrafo. Eu tinha uns 'santinhos' comigo no bolso, que são aqueles papéis com a foto do artista, e passei a distribuir autógrafos. Nisso eu reparei que tinha um caboclo sentando perto de mim que não parava de olhar para os santinhos. Educadamente, eu perguntei: 'O senhor também quer um autógrafo?' Ele, que já havia tomado meia garrafa de cachaça, me olhou e disse: 'Eu não sei de que partido você é, mas tá muito engomadinho. Eu sou comunista e quero que você se foda'."*

A censora reagiu na hora e mandou tirar a palavra "comunista". O "se foda" ela deixou.

Mesmo enfrentando situações constrangedoras com a censura, a classe artística intensificou a militância. Apesar da presença de um presidente civil, a população não via a hora de poder eleger o chefe da nação pelo voto direto. Boldrin chegou a apresentar o *Paia...assada* com uma camiseta estampada no peito: *Quero votar para presidente*. Ele também chegou a abrir o espetáculo declamando uma "adaptação" da música "Gente humilde", de Chico Buarque.

> *Tem certos dias em que eu penso em minha gente*
> *e sinto assim todo o meu peito se apertar.*
> *Porque eu queria votar pra presidente,*
> *como um desejo de eu viver e me alegrar.*
> *Ai, que vontade de votar...*

Paia...assada ficou oito meses em cartaz no Teatro Paiol, sempre às segundas-feiras, com ingressos esgotados. Um ano depois, a censura acabou no país, com uma decisão da Assembleia Constituinte, que elaborou a nova Constituição. Ficou estabelecida a liberdade de expressão. Dona Solange se aposentou.

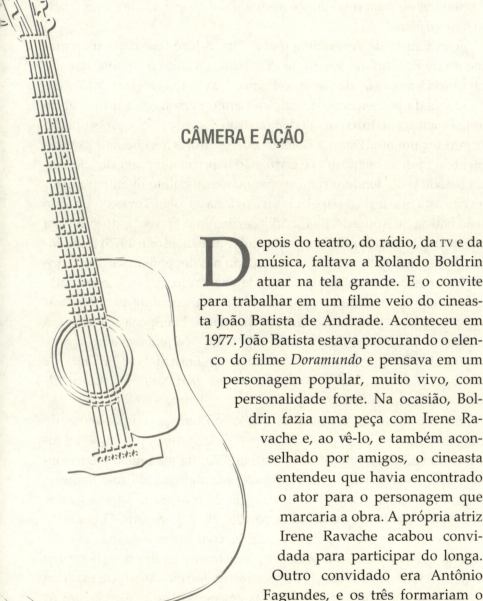

CÂMERA E AÇÃO

Depois do teatro, do rádio, da TV e da música, faltava a Rolando Boldrin atuar na tela grande. E o convite para trabalhar em um filme veio do cineasta João Batista de Andrade. Aconteceu em 1977. João Batista estava procurando o elenco do filme *Doramundo* e pensava em um personagem popular, muito vivo, com personalidade forte. Na ocasião, Boldrin fazia uma peça com Irene Ravache e, ao vê-lo, e também aconselhado por amigos, o cineasta entendeu que havia encontrado o ator para o personagem que marcaria a obra. A própria atriz Irene Ravache acabou convidada para participar do longa. Outro convidado era Antônio Fagundes, e os três formariam o triângulo amoroso.

"Foi uma delícia filmar com Boldrin", conta o cineasta. *"Porque o tempo todo a gente fica rindo. Ele tem histórias que não acabam mais. Nos intervalos, nós aproveitávamos aquela verve dele, aquela postura muito popular. Um tipo popular que ele trata com carinho imenso. Eu diria que foi uma sorte contar com ele no filme."*

João Batista de Andrade e o ator David José foram até o apartamento de Boldrin, no bairro de Pinheiros, levando o roteiro baseado no livro *Doramundo*, de Geraldo Ferraz. David José foi um dos incentivadores da participação do caipira para o personagem principal do longa-metragem. João Batista demonstrou, logo de início, preocupação com o orçamento. Disse a Boldrin que os atores receberiam praticamente o mesmo cachê, que, é claro, não deixaria ninguém rico. Rolando passou o dia lendo o roteiro e na manhã seguinte ligou para dizer ao cineasta que faria o papel. O roteiro tinha as assinaturas do próprio João Batista de Andrade, de David José, de Alain Fresnot e do jornalista e teatrólogo Vladimir Herzog – que dois anos antes (em 1975) fora vítima do Regime Militar, sendo assassinado nas dependências do Centro de Informações Internas (DOI-Codi) de São Paulo, órgão subordinado ao Exército, depois de se apresentar espontaneamente para explicar ligações com o Partido Comunista Brasileiro. Na época, Herzog era diretor de jornalismo da TV Cultura. *"Vlado foi o primeiro a trabalhar o roteiro"*, lembra João Batista de Andrade. *"Eu tinha saído da TV Cultura e fui para a Globo e o Vlado revelou muita vontade de voltar para o cinema. Ele sempre foi ligado ao cinema."*

Boldrin faria um ferroviário, que como outros companheiros de trabalho, seria suspeito de assassinatos misteriosos. A produção foi rodada em Paranapiacaba, distrito de Santo André, na região metropolitana de São Paulo. Fundada pela companhia inglesa São Paulo Railway, em 1874, Paranapiacaba tornou-se centro de controle dos trens vindos do interior paulista que desciam para o porto de Santos. O pequeno vilarejo nas alturas tem o clima londrino, com a névoa da manhã e um relógio que se destaca na paisagem semelhante ao Big Ben da capital inglesa. Muitas das casas dos operários da ferrovia eram de madeira e havia pensões, hoje transformadas em pousadas, que recebiam os trabalhadores. Boldrin sempre foi um ator que incorporava os perso-

Boldrin gravando, com o ator Armando Bogus, uma cena do filme *Doramundo*, em Paranapiacaba (SP), no ano de 1978.

nagens e, no caso do ferroviário Pereira, não seria diferente. Por conta própria, ele foi até Paranapiacaba, que no filme seria chamada de Correnteza, e se hospedou em uma das pensões de funcionários da ferrovia. Ele queria compartilhar histórias e entender o pensamento de pessoas que costumavam vir de longe para exercer um trabalho pesado e um dia, quem sabe, voltar para casa com alguns trocados a mais que poderiam melhorar a vida da família.

Tudo feito em condições de igualdade, embora Boldrin já fosse um ator reconhecido nas ruas por seus papéis em novelas de sucesso. Ele levantava de manhã, tomava café com os "companheiros" e saía para o trabalho. Aprendeu até a manobrar os trens. Na primeira cena do filme, Boldrin aparece ensinando um garoto a colocar uma locomotiva maria-fumaça para rodar sobre os trilhos. A cena só ganhou em realismo porque Boldrin realmente aprendeu a manobrar a gigantesca máquina movida a combustão de fornalha. Logo após a hora do almoço, Boldrin se reunia com os ferroviários para jogar bilhar e tomar cachaça. Essa descontração ajudou a tirar a timidez de muitos desses trabalhadores quando as filmagens começaram e contaram com alguns deles na figuração. Tudo ficou muito natural graças à imersão de "seu Pereira" no mundo ferroviário. O mais interessante foi o figurino. Boldrin trocou as roupas que tinha com as de colegas de pensão. Apareceu no filme usando boné, casaco de couro e botas, indumentária negociada com os operários. *"Essa pesquisa de campo em Paranapiacaba"*, destaca João Batista de Andrade, *"foi feita praticamente três anos antes por Vladimir Herzog. Quando Vlado começou a trabalhar o roteiro, ele precisou entender a rivalidade existente no local, com a divisão entre operários casados e solteiros. Havia certa disputa, com os casados querendo se estabelecer e os solteiros, os temporários, que juntavam dinheiro e iam embora. Havia muito ciúme entre eles. Quando eu fui filmar, o Vlado já tinha morrido e eu acabei propondo a experiência dele aos atores. O Boldrin se antecipou e se misturou com o pessoal, no bar, e ele ficou muito integrado àquela sociedade"*, relembra João Batista.

Doramundo foi reconhecido pela crítica como uma das melhores produções do cinema naquele final de década de 1970, em pleno auge do Regime Militar. Como num conto de Agatha Christie ou de Edgar Allan Poe, a trama se desenvolve em meio à neblina de uma cidade atormentada pela falta de esperança de uma vida melhor. Tem início uma série de assassinatos de operários, por coincidência todos solteiros, e cuja investigação mostra a fragilidade da polícia em apontar culpados sem elementos comprobatórios. Seu Pereira se torna um dos suspeitos. É preso e torturado, mas a polícia não consegue arrancar uma confissão. Passam a dizer que a mulher de Pereira (Irene Ravache) tem um caso extraconjugal, o que é verdade. O amante (Antônio Fagundes) é um ferroviário com pretensões de abandonar tudo e tentar um emprego na capital. Seu Pereira não acredita no que dizem da mulher e começa a exagerar no consumo de bebida numa forma de extravasar a raiva. Mais uma vez, para dar realismo à filmagem, Boldrin tomou uns goles a mais na cena em que se apoia sobre o balcão do bar do Nagib e fica se lamentando do infortúnio. O dono do bar o leva até a porta e o manda de volta para casa. Boldrin se arrasta encostado à parede e está mesmo com as pernas bambas e a voz pastosa. (Este livro não vai contar o fim do filme, porque ele é facilmente encontrado na íntegra no YouTube e a recomendação é para que todos assistam.)

Com *Doramundo*, o diretor João Batista de Andrade mostrou uma das faces dos regimes de exceção ao escancarar a tortura física e psicológica, marca da polícia política daqueles tempos sombrios com os generais no poder. É uma ironia, arriscando-se a dizer premonição, o fato de ter Vladmir Herzog entre os roteiristas. O personagem seu Pereira deu a Rolando Boldrin o prêmio da APCA de melhor ator.

Naquele 1978, *Doramundo* recebeu os prêmios de melhor filme e de melhor diretor do Festival de Gramado. Os prêmios foram dedicados a Vladimir Herzog. A aclamação no Brasil criou grande expectativa nos festivais internacionais. E foi no exterior que surgiram os problemas. O longa estava classificado para participar da Mostra de Paris, mas, no dia da exibição, a película simplesmente sumiu. Foi um alvoroço geral. Depois, descobriu-se que o representante da Embrafilme, órgão criado pelo Regime Militar para distribuição de produções nacionais, havia desaparecido com a cópia. Na época, ele alegou que havia mandado o material, por engano, para a Espanha. O episódio acabou provocando um incidente diplomático, com o ministro da Cultura da França enviando um protesto formal ao governo brasileiro. *"Olhe o que você vai falar aos jornais. Não se esqueça de que você ainda vai voltar ao Brasil"*, disse o representante da Embrafilme em telefonema ao cineasta brasileiro. (João Batista de Andrade preferiu não revelar o nome do censor que já morreu.)

O sumiço da fita ganhou destaque na imprensa internacional. Grupos culturais franceses fizeram protestos em sessões de cinema. Tudo isso só fez aumentar a curiosidade sobre a obra. A crítica especializada do cinema europeu, que tem uma publicação chamada *Os melhores filmes do mundo*, colocou *Doramundo* entre os cinco melhores daquele ano. As produções escolhidas são automaticamente levadas ao Festival de Belgrado, naquele período, capital da Iugoslávia, hoje Sérvia. O mesmo censor que havia escondido a fita em Paris foi obrigado a enviar a cópia à sala de cinema em Belgrado. *"Ficou claro que o filme, embora se passe na época de Getúlio Vargas, estava falando sobre repressão"*, conclui o cineasta.

Exatamente 20 anos depois, Boldrin voltaria a ser procurado pelo mesmo João Batista de Andrade para mais uma empreitada no cinema. Dessa vez, o cineasta entregou o enredo de *O tronco*, baseado no romance homônimo do escritor goiano Bernardo Élis. As filmagens aconteceram em Pirenópolis, Goiás, região que permitiu fazer um contraste entre a beleza da paisagem local com a depreciação das relações sociais e familiares.

O enredo conta a história do coletor de impostos Vicente Lemos (Ângelo Antônio), enviado para um pequeno município da região norte de Goiás – atual estado do Tocantins. Lá, entra em conflito com o coronel Pedro Melo (Rolando Boldrin), seu próprio tio, por discordar dos métodos que este utiliza para manter o domínio absoluto das terras da região. O filho de Pedro, Artur (Henrique Rovira), é ex-deputado e ex-aliado dos coronéis sulistas. A discordância acaba fazendo com que os Melo e seus aliados coloquem fogo na coletoria de Vicente, o que faz com que este denuncie a família para a sede do governo. Uma tropa do Exército vai para a região. Também é enviado o juiz Carvalho (Antônio Fagundes), que leva consigo uma ordem de prisão aos membros da família Melo. Os Melo reagem à prisão; Pedro é assassinado e Artur foge. O exército trata os capturados como escravos, prendendo todos os homens da família no antigo tronco da propriedade Melo. Enquanto isso, Artur reúne jagunços para iniciar uma verdadeira guerra contra os militares. Ao ver as tropas do governo cometerem as mesmas atrocidades dos coronéis, com requintes de crueldade ainda mais apurados, Vicente fica completamente atordoado, atormentado por um misto de desespero e culpa.

"*O tronco é um filme diferente, embora também seja de época, do início do século xx*", explicou João Batista de Andrade. É uma guerra entre os coronéis do sul, que estavam no poder em Goiás, e os coronéis do norte que eram os inimigos. A política tem essa coisa. De repente, quem assume o governo acha que ganhou o estado pra ele. Os adversários viram inimigos, numa situação bem atual. Esse conflito acaba gerando uma guerra terrível, de verdade, em uma cidadezinha, a Vila do

Doulo. O conflito se agrava de tal maneira que gera muitas mortes. Soldados muito violentos matam brutalmente os familiares dos coronéis. Prendem no tronco, aqueles troncos que foram usados para prender escravos, e, inclusive, matam os parentes dos coronéis quando eles estão presos ao tronco. E os coronéis também são bárbaros, criam um exército de jagunços que arrasam as tropas estaduais.

João Batista de Andrade pensou muito para desenvolver o personagem do coronel Melo, feito por Rolando Boldrin. A inspiração foi no próprio pai, que veio de uma família de fazendeiros poderosos. Porém, quando o pai do cineasta nasceu, a família estava em decadência. *"Meu pai guardou a postura dele, que virou um misto, se sentia poderoso, mas ao mesmo tempo era muito simples, com a mão cheia de calos. Trabalhava quase como camponês. Carregava tudo nos bolsos e quando falava gesticulava muito e as coisas começavam a cair, chaves, canivetes, fumo de palha... e eu pensei em tudo aquilo e imaginei: é o Boldrin. Pensando no meu pai, eu me lembrei: quem faz isso é o Boldrin. E aí eu chamei o Boldrin e contei essa história do meu pai e propus fazer um coronel espalhafatoso, com muito poder, que pode tudo, sempre querendo se mostrar. O poder dá direito a ele de ser engraçado e, ao mesmo tempo, permite que ele fale: 'Mata esse aí'."*

Boldrin adorou a sugestão e fez um personagem forte, um homem na meia idade que anda a cavalo, briga, dá ordens, um tipo comum, mas com muito poder. *"O Boldrin tem a capacidade de uma expressão dramática impressionante"*, diz o cineasta. *"Toda essa carga engraçada dele, de repente vira uma carga pesada. Ele tem essa capacidade de adensar o personagem. Eu tive a felicidade de contar em* O tronco *com um elenco maravilhoso: Boldrin, Ângelo Antônio, Letícia Sabatella, Antônio Fagundes, Chico Dias. Era um elenco sonho de consumo de qualquer cineasta."*

O tronco ganhou o prêmio de Melhor Filme pela Comissão dos 500 Anos do Brasil e conquistou ainda outros prêmios nacionais e internacionais. O diretor foi convidado para exibi-lo no Festival de Cinema de Xangai, na China. Tanto em Doramundo quanto em O tronco, João Batista de Andrade desencadeou o seu lado político em temas que, infelizmente, se mantêm atuais. A posse pela terra ainda faz vítimas entre os lavradores, fiscais do trabalho, ambientalistas e religiosos. Rolando Boldrin conquistou o prêmio de melhor ator coadjuvante com *O tronco*, em 1999, no Festival de Cinema de Brasília. No ano seguinte, no Festival de Recife, João Batista de Andrade recebeu o prêmio de melhor diretor.

"Quando terminamos as filmagens", lembra o cineasta, *"imaginamos que sentiríamos falta daquele lugar. Nós filmamos em Pirenópolis e fizemos uma cidade cenográfica incrível, fizemos tudo, uma vila com mais de vinte casas, com o casarão dos Melo, que era o papel do Boldrin, casas menores. Bom, esses atores todos moravam na cidade e andavam pela cidade e o pessoal respeitava. Os atores adoravam aquilo. No dia em que fizemos os últimos takes com o Boldrin, nós fomos nos despedir e ele me disse o seguinte: 'Então, João, daqui a vinte anos estaremos junto para fazer outro filme'. Foi aí que eu lembrei que havia se passado vinte anos entre o* Doramundo *e* O tronco. *Então, quem sabe, em 2018, Boldrin e eu estaremos num novo filme?"*

Nessa etapa da vida, Boldrin já havia passado por poucas e boas, termo que revela uma vida agitada e cheia de surpresas. Seu suporte sempre foi a família e os amigos. Quase não havia tempo de reclamar da vida diante de pessoas tão entusiasmadas pelo seu trabalho. A filha Vera Lúcia, fã incondicional do caipira, diz sem pestanejar: *"Só eu tenho um pai assim. Ele sempre foi muito amigo. Amigo dos meus amigos. Estávamos sempre juntos. Aprendi a tocar violão por causa dele. Meus filhos, todos nós, tocamos violão".*

É Vera Boldrin quem revela o lado de pai carinhoso e cuidadoso. Desde pequena, quando tinha uns 12 anos, acompanhava o pai em rodas de samba e no que mais curtia, bailes de carnaval. E não eram matinês. A filha recorda com saudades de quatro noites pulando no Espigão, um clube de São Joaquim da Barra, misturada aos adultos que, no avançar das horas desabavam de cansaço sobre as mesas, enquanto ela não parava de dançar. Boldrin e a mãe Lurdinha a levaram para um carnaval em Campo Grande. Foram mais noites de muita farra, confete e serpentina. O matuto a ensinou a dirigir com 13 anos de idade, e ela treinava ao volante sempre que iam a uma casa de praia em Itanhaém, litoral sul paulista. *"Mesmo muito atarefado"*, conta Vera, *"meu pai fazia de tudo para estar em casa. Gostava da comida caseira e queria a presença da família".*

Um dos episódios marcantes para Vera foi aos 14 anos, quando ela pediu permissão a Boldrin para acampar com uns amigos durante o réveillon. Boldrin não dizia "não" para a filha. Ele comentou que iria pensar no assunto, mas ficou claro, naquele instante, que o projeto adolescente estava fora de cogitação. Na manhã seguinte, já aparentando o ar brincalhão, o pai perguntou:

– *O que você quer fazer mesmo na passagem de ano?*
– *Acampar com os amigos.*
– *Então está resolvido, vamos todos acampar.*
– *Como?*

Boldrin inventou um acampamento no quintal da casa de Itanhaém. Com uma lona dessas de cobrir carga nos caminhões, ele amarrou as pontas numa árvore, no suporte da varanda, formando o triângulo das barracas de campanha, colocou uns colchonetes no chão e, pronto, estava montado o quarto dos rapazes. As moças podiam ficar ali durante o dia, mas na hora de dormir, todas tiveram que entrar na casa. Apesar das restrições no "acampamento", não faltou diversão e samba.

Vera ficou grávida aos 16 anos. O primeiro a saber foi Boldrin.

– *Tudo bem, filha. Não quero saber se você pretende se casar. Quero apenas que você seja feliz. Sabe que pode contar comigo pra cuidar dessa criança.*

Quando Marcus, filho de Vera, já estava maior, passou a receber o mesmo tratamento dispensado à filha. Acompanhava o avô nas festas e shows. Uma vez, em Campo Grande, Boldrin se apresentaria no salão de um hotel e exigiu alguns brinquedos e uma atendente exclusiva para cuidar do garoto enquanto fazia o espetáculo.

Outro episódio que a filha não esquece revela todo ciúme que tinha do pai. Com a família já morando no bairro Fazendinha, na Granja Viana, ao retornar para a casa, Vera viu o pai conversando com uma mulher em um bar. Não teve dúvidas, deu meia volta e parou o carro em frente ao estabelecimento. Saiu sem dar atenção aos manobristas e se colocou entre Boldrin e a mulher que conversava com ele ao lado do balcão.

– *Quem você pensa que é para ficar aqui grudada com o meu pai?*
– *Ela é a mulher do dono desse bar. Olha ele ali no balcão.* – Calmo, embora bastante surpreso, Boldrin tentava controlar a filha.
– *É uma biscate* – esbravejava a filha.

Rindo, Boldrin pediu desculpas e saiu do bar junto com a filha. Dias depois, num supermercado, Vera encontrou o dono do bar e os dois tiveram uma conversa amigável. *"Você deixou a minha mulher assustada"*, ele disse.

A filha ainda consulta Boldrin sempre que precisa tomar uma decisão. Além de Marcus, ela teve os filhos Bruno e Henrique. O "cantadô" tem hoje quatro bisnetos (Lívia, Pedro, Henrique e Carolina).

Boldrin tem como filosofia a velha máxima de que o espetáculo não pode parar. Pode parecer hoje um chavão, que precisa de limites, mas Boldrin tem em mente que todos os entes queridos, os amigos que se foram, gostariam que ele seguisse no palco. É no palco que homenageia quem ama. Para justificar, ele cita o caso do ator Grande Otelo, que em 1949 filmava ao lado de Oscarito *Carnaval no fogo*, uma comédia musical em preto e branco. Durante os ensaios, Otelo recebeu a notícia de que sua mulher havia envenenado o enteado de 6 anos e, depois, se matado. Consternada com a tragédia, a direção suspendeu os trabalhos por tempo indeterminado e, para surpresa geral, o próprio Grande Otelo pediu para que as filmagens continuassem, e assim foi feito. Quem vê a dupla Grande Otelo e Oscarito no filme de enorme sucesso sobre bandidos internacionais, hospedados em um luxuoso hotel às voltas com uma dupla de funcionários atrapalhados, não pode imaginar que por trás de tanta vivacidade havia uma inesperada tragédia, capaz de fazer balançar até o ser mais vazio de sentimento.

Grande Otelo confessou que só teve coragem de assistir *Carnaval no fogo* 30 anos depois e que, mesmo com outras dezenas de filmes no currículo, um mais engraçado que o outro, as mortes da mulher e do enteado continuavam lhe assombrando. *"Desde jovem eu tinha esse exemplo do Grande Otelo e entendo por que ele desejou continuar as filmagens"*, diz Boldrin sobre a vida que segue.

Outro exemplo, Boldrin tirou de um circo que, certa vez, apareceu em São Joaquim da Barra e tinha um hipnotizador chamado professor Taurus, nome artístico de um homem alto, com uma barriga avantajada, cavanhaque e cartola. Um tipo aristocrático e enigmático. Professor Taurus costumava ler um poema do alemão Heinrich Heine chamado "O tédio", traduzido por Mendes de Oliveira. Esse poema registra bem o caso de um artista que está com tédio, depressão. O artista procura um psiquiatra e fala tudo o que imagina alimentar suas desilusões. O

A filha, Vera Lúcia, os netos, Bruno, Marcus e Henrique,
e o bisneto de Boldrin, também batizado Henrique.

médico pede a ele que mude de ares, viaje, tente se divertir, conhecer gente nova. Fala da necessidade de buscar uma vida amorosa. Nada parecia animar o paciente artista. Enquanto o tratamento era prolongado e sem resultados positivos, um circo se instala na cidade e o médico aconselha o paciente a se entreter com os palhaços. A fama dos palhaços era muito grande. Fazendo a voz do paciente e do médico, o professor Taurus declamava:

> **Médico:** *Frequente o circo, amigo. A figura brejeira do famoso Arlequim, que a esta cidade inteira palmas e aclamações constantemente arranca. Talvez lhe restitua a gargalhada franca.*
> **Paciente:** *Vejo, doutor, que o meu caso é perdido. O truão de que falas, o palhaço querido que anda no Coliseu assim tão aclamado, tem um riso de morte, um riso mascarado, que encobre a dor sem fim do tédio e do cansaço... Sou eu esse palhaço.*

Boldrin, com certeza, nunca morreria de tédio, mas costuma declamar esse poema como forma de demonstrar que o artista está sobre o palco para entreter, para educar, para compartilhar as descobertas e fazer arte.

O rei dos causos também teve muitas perdas, o avô tão querido, os pais e alguns irmãos. Enquanto este livro estava sendo escrito veio, a triste notícia da morte de Leili Boldrin, o Formiga, em 17 setembro de 2016.

Leili estava aposentado e vinha há algum tempo enfrentando problemas cardíacos. Ele teve quatro filhos: Lenir, hoje coordenador musical do programa *Sr. Brasil*, Leisli, Leiser e Nirlei. Formiga trabalhou na Sadia, junto com o irmão Aroldo, responsável por apresentar Rolando Boldrin à direção da Tupi. Aliás, o trabalho dos dois irmãos na Sadia ajudou Boldrin a ganhar um dinheirinho extra quando iniciava a carreira na Tupi. Ele costumava comprar linguiça a preço de custo para vender aos outros atores na emissora do Sumaré. E tinha clientes fixos: Lolita Rodrigues, Lima Duarte, entre eles. *"Imagine só, eu chegava lá com dez quilos de linguiça na sacola e ia fazendo os pacotes para os atores"*, conta sorrindo o veterano artista. Os lucros ajudavam a comprar cigarro e outras necessidades do dia a dia. Mas houve um inconveniente. Um músico chamado Esmeraldino apelidou Boldrin de "o homem da linguiça". Por esse motivo, o comércio do embutido foi encerrado e Boldrin passou a revender blusas de lã.

ATENÇÃO: NO AR O *SOM BRASIL*
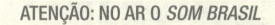

Parecia até que era uma única rádio. Bastava mudar o *dial* e em poucos instantes lá estava ela sendo tocada: *"É que a viola fala alto no meu peito, mãe/E toda moda é um mistério pros meus desenganos/É que a viola fala alto no meu peito humano/E toda moda é um mistério fora desse plano..."*. Uma reprodução atrás da outra. O sucesso foi tão grande que até as emissoras consideradas joviais, que executavam apenas músicas pop, como o rock, foram seduzidas pela voz e letra de Rolando Boldrin com sua "Vide vida marvada".

Era começo dos anos 1980 e início de uma grande carreira que se estende até os dias atuais. Gerações sucessivas seriam alcançadas, multidões se encantariam com aquela que se tornaria um hino,

A história de Rolando Boldrin

O programa *Som Brasil*, de 1981 a 1984, recebeu diversos convidados.
1. Bentinho, da dupla Xerém e Bentinho.
2. Jards Macalé.
3. Ana de Hollanda e Paulinho Nogueira.
4. Bob Nelson.
5. Pedro Caetano.
6. Sérgio Ricardo.

7. Gilberto Gil.
8. Moreira da Silva.
9. Patativa do Assaré.
10. Ari Toledo.

a representação da música de raiz, da diversidade da cultura e dos cantores brasileiros.

Foi o programa *Som Brasil*, da TV Globo, que fez "Vide vida marvada" se tornar esse sucesso ou foi o contrário? O curioso é que ela surgiu de toada, como se diz no interior quando algo acontece sem ser programado, de repente. O diretor do futuro programa, José Amâncio, ligou para Boldrin, que estava na Itália, e lhe disse:

— *Boldrin, volta logo pra cá porque está tudo certo para o programa, as suas exigências foram aceitas. Agora precisamos de uma música de abertura urgente.*

— *Vou pegar o primeiro avião. Não vejo a hora de tocar essa história...*

Quantas foram as noites em claro pensando, matutando. Quantas foram as emissoras e as pessoas que negaram o sonho dele, a proposta de um programa de TV que mostrasse a verdadeira essência da música brasileira. A taquicardia foi inevitável e intensa naquele momento de anúncio. E a volta ao Brasil teria que ser imediata. Já em solo tupiniquim a primeira atitude: fazer logo a trilha do *Som Brasil*.

Eita! Agora só mais uma noite longa, a mais derradeira e esperada de todas... Pouco importava. Boldrin caminhou para a cozinha, o lugarzinho predileto da casa, onde ele matava a saudade dos cheiros e dos sabores da infância. Era um cantinho simples, mas aconchegante. É comum no interior as pessoas se encontrarem na cozinha. É o lugar mais frequentado pela família e pelos vizinhos. É onde a matriarca enche o bucho dos visitantes enquanto se fala da vida alheia. Mesa grande é sinônimo de fartura e de prole abastada e, claro, de muita prosa. É como um divã. Na cozinha se jogava as mágoas para fora, narrava as labutas difíceis do dia a dia, mas também era onde se refletia sobre a vida boa, contava segredos e repartia emoções e amores.

O apartamento da família Boldrin, em São Paulo, mantinha as características interioranas. E lá estava Lurdinha Pereira, que sabia muito bem o que aquela ligação representava para o marido. Para Boldrin, era hora de buscar inspiração nas lembranças de Guaíra, de São Joaquim, do Jeca Tatu. Era hora de levar em conta os conselhos do visionário Diogo Mulero, o Palmeira, diretor artístico da gravadora Chantecler, que fez Boldrin soltar o vozeirão em dueto com Lurdinha no maxixe "Do que eu gosto mais": se concentrar no passado e prever um futuro de sucesso.

Mas o momento pós-ligação da Globo ficaria restrito a Boldrin e seu grande sonho. À esposa coube apenas preparar uma garrafa bem cheia de café. E com coador de pano para ressaltar o aroma. Assim fica mais gostoso. *"Enquanto não escrever a música do programa, não prego os óio!"*

O aconchego do calor do fogão, o violão como companheiro e um calhamaço de papel. Como numa cena de filme: o caubói e o seu cavalo num galope solitário. A cada dedilhado no violão uma parada para organizar as ideias e dar sentido às frases soltas. Todo músico ou cantor tem seu jeito próprio de compor. Alguns escrevem a letra e depois trabalham a melodia. Outros cantarolam ao mesmo tempo em que criam a letra. Boldrin é assim: só escreve as canções com a viola nos braços.

"*Corre um boato daqui donde eu moro/que as mágoas que eu choro são mal pontiadas./Que o capim mascado do meu boi/a baba sempre foi santa e purificada./Diz que eu rumino desde menininho...*"

As palavras tinham um significado, representavam uma passagem, ou uma "sofrência" na vida daquele menino do interior de São Paulo que foi ganhar um trocado e construir seu futuro na cidade grande. O dicionário do campo guarda a sabedoria da vida. O trecho: "*diz que eu rumino desde menininho...*" foi pensado para mostrar a labuta, as dificuldades e os desafios da trajetória das pessoas simples do campo. Ruminar quer dizer tornar a mastigar, mas guarda o sentido de pensar profundamente. E para Boldrin a vida é um eterno ruminar.

E o refrão, a melhor parte, só veio no final: "*É que a viola fala alto no meu peito, mãe,/e toda a mágoa é um remédio pros meus desenganos./É que a viola fala alto no meu peito humano./E toda mágoa é um mistério fora desse plano./Pra todo aquele que só fala que não sei viver,/chega lá em casa pruma visitinha/que no verso e reverso da vida inteirinha,/há de encontrar-me num cateretê./Há de encontrar-me num cateretê...*"

Cateretê é um ritmo indígena. Os caipiras antigos usavam muito o cateretê. É uma dança cantada, ao contrário da catira que é só dançada. "Encontrar-me no cateretê" significava se encontrar no Brasil. Foi uma maneira de fazer a letra ficar mais brasileira.

E foi assim, na noite sem fim, mas que não teve nada de "marvada", que foi criada a música de abertura do *Som Brasil*. Em apenas 15 minutos, surgiu um dos maiores hits do país, uma das canções mais representativas da nossa brasilidade. Mesmo com a brevidade na criação desse hino, não sobrou gota alguma de café na garrafa. Os olhos, como imaginado, não pegaram no sono. Era como se eles tivessem o poder de trazer o dia seguinte mais rápido. Não pela dificuldade na criação do tema, que foi feito em poucos minutos, mas pela ansiedade de ter produzido aquilo que era a consolidação de um ideal de vida planejado e sonhado há décadas.

No outro dia bem cedo, apesar do cansaço de uma noite às claras, lá estava Boldrin no Nosso Estúdio da amiga produtora de discos Tereza Souza, que cedeu o local para que fosse registrada a sua "ópera". O músico pernambucano Heraldo do Monte foi chamado às pressas para executar o violão. A flauta, que ficou bem marcada na introdução, foi tocada por Geraldo Nepomuceno de Oliveira do sexteto Titulares do Ritmo. A música teve a participação ainda de Bambico (viola), Itapoan (violão), Gabriel (baixo de corda) e Natal (zabumba). Não houve muita preciosidade na gravação da música naquele dia. Foi um registro com ares caseiro, apenas para mostrar o tema para a direção do programa na Globo.

Se a música de abertura do *Som Brasil* foi composta com certa facilidade, o mesmo não se pode dizer do programa musical televisivo. Foram várias idas e vindas com o projeto debaixo do braço: SBT, Bandeirantes, TV Cultura, Gazeta... Todas as emissoras foram visitadas e nenhuma tinha interesse em um programa que mostrasse a pluralidade do Brasil. E, mais ainda, que lançasse músicos e cantores desconhecidos, o que na época para as emissoras era sinônimo de baixa audiência. O melhor, segundo os diretores entendidos da telinha, era ter cantores já consagrados para chamar a atenção dos telespectadores.

No final da década de 1970 e início dos anos 1980, eclodiam no mundo os movimentos musicais das discotecas. E o Brasil foi influenciado por esse ritmo dançante que serviu de base para uma geração de cantores populares considerados cafonas e eróticos como Sidney Magal, Gretchen, As Patotinhas, Harmony Cats, e tantos outros. Surgia ainda uma nova geração de cantores influenciados pelos festivais de música da década anterior. Nomes como Belchior, Gonzaguinha, Ivan Lins, Djavan... O samba também era muito presente.

E como a música sertaneja alcançava êxito nas áreas rurais, foi lançado em 1980 o *Globo rural*, um telejornal matutino, exibido nas manhãs de domingo. O programa, que retratava o universo do campo, apresentava notícias de interesse do agricultor, como receitas e dicas de tratamento de espécies animais e vegetais, como plantar, previsão do tempo... Estreou no dia 6 de janeiro com a apresentação do jornalista Carlos Nascimento e sessão de cartas por Sílvia Poppovic, sendo o primeiro do gênero no Brasil. A Globo, para potencializar ainda mais o noticiário, decidiu fazer um programa sertanejo. Na época, Boldrin estava na Bandeirantes na novela *Os imigrantes*, de Ruy Barbosa, mas já havia atuado em várias novelas de outros canais. Como todo o mercado já sabia das suas pretensões, foi convidado para apresentar o programa musical.

Entre os diversos sonhos de Rolando Boldrin, esse é o que ocupava um lugar especial na prateleira da imaginação desse grande fomentador da música brasileira. Ele sempre teve uma característica de não mudar e abandonar os seus princípios, suas ideias, aquilo em que acreditava. O "cabeça-dura" queria um espaço na TV para mostrar a música do nordeste, do Mato Grosso, de Goiás, de todo o país. Queria intercalar músicos dos mais diversos rincões brasileiros.

No dia de assinar o contrato, lá foi o caipira com sua melhor roupa. Parecia que estava indo à igreja no domingo. Não usou um terno, até porque, para ele, era como vestir uma armadura medieval, mas foi com aquela camisa e calça reservadas para momentos especiais. O sapato estava tão lustroso e reluzente que deu até para ser usado como espelho para uma ajeitadinha no cabelo.

Foram várias reuniões até a assinatura do contrato. A cada encontro, uma nova exigência de Boldrin: *"Não pode ter merchandising... Eu escolho os músicos... Não quero música sertaneja..."*. Eram tantos nãos, algo que a direção da Globo não estava acostumada a ouvir. Até restar apenas um último acerto: a escolha do nome do programa. A emissora queria que ele fosse chamado de *Som rural* para que o programa ficasse nos moldes do *Viola, minha viola*, que estava no ar na TV Cultura há um ano.

O *Viola* era apresentado pela cantora Inezita Barroso. Na realidade, por causa da sua fama de "cantadô" que rodava pelo mercado por conta de alguns discos gravados com modas caipiras e canções antológicas, a TV pública já havia convidado Boldrin para apresentar o *Viola*, mas ele insistiu no projeto *Som do Brasil*, que foi recusado pela própria Cultura. A proposta da emissora era a de concentrar suas atrações somente no universo da viola, a partir das centenas de duplas sertanejas existentes no mercado fonográfico, música de grande apelo comercial

139

no período. Boldrin se sentiu honrado com o convite, mas usou como desculpa o argumento de que o seu projeto musical buscava uma grande amplitude e não poderia se restringir a apenas um estilo, que era a proposta do *Viola, minha viola*.

O *Som do Brasil* tinha a pretensão de fazer um grande mapeamento musical e cultural do país, mostrando a diversidade dos ritmos brasileiros. Além disso, o ator, "cantadô" e contador de histórias não se considerava um apresentador de televisão. Perguntaram então se ele poderia ajudar na formatação do *Viola* da TV Cultura e acabou indicando dois amigos para a apresentação: Morais Sarmento, um famoso radialista da época, e Inezita Barroso, cantora, atriz, instrumentalista e folclorista. Morais acabou fazendo dupla com Nonô Basílio na apresentação do *Viola*. Um ano depois, Inezita substituiu Nonô. No fim da década de 1990, com a morte do parceiro Morais Sarmento, Inezita ficou sozinha à frente do *Viola, minha viola*. Só deixou os palcos da TV quando faleceu em 8 de março de 2015.

Na Globo, Boldrin disse que só aceitaria o convite se fosse o projeto dele. Aquele velho e surrado projeto que outrora fora reprovado por todas as emissoras. E mais, não gostou do nome sugerido pela emissora, *Som rural*, que, segundo ele, remetia apenas ao sertanejo, e a ideia do cabeça-dura era fazer um programa de música brasileira no qual todos os estilos deveriam ser contemplados. Depois de muita discussão e relutância e, claro, de breves intervalos para que Boldrin contasse alguns causos como é do seu feitio, chegaram a um acordo no nome, mas com uma condição: em vez de *Som do Brasil* foi excluído o "do" e ficou apenas *Som Brasil*.

O vice-presidente de operações da Globo à época, Boni, disse que na sua vida sempre acreditou que a melhor maneira de comunicar é fazer o popular bem feito. E por esse motivo é que escolheu Rolando Boldrin para produzir e comandar o *Som Brasil* na emissora: *"Boldrin, com sua sensibilidade e simplicidade, com certeza, é a mais autêntica bandeira da música brasileira de qualidade. Nesse nosso Brasil, fazer arte brasileira de verdade não é fácil. A apelação e as distorções predominam. É preciso ser herói, ter caráter e bom gosto para ser fiel à cultura e ao sabor das coisas boas e simples de nossa terra. É preciso ser Rolando Boldrin"*, concluiu Boni.

O Teatro Célia Helena, no bairro Liberdade, em São Paulo, foi o escolhido para as gravações do *Som Brasil*. Antes de bater o martelo, outros dois locais foram visitados: os teatros Augusta e Zaccaro. Não se buscava suntuosidade e beleza, a procura era por um espaço mais intimista onde se pudesse estabelecer uma relação bem próxima com a plateia. E o Célia Helena tinha essa característica. Era um teatro de arena pequeno e aconchegante. Mas havia um problema: não se adequava às normas legais para receber público e estrutura de tv. Não possuía sequer banheiros suficientes e camarins adequados. Era usado mais como uma escola de teatro. Boldrin bateu o pé mais uma vez: só gravaria o programa se fosse no Célia Helena. A Globo, então, foi obrigada a reformar o teatrinho, construindo toda a infraestrutura necessária. Até gerador de energia foi colocado para as gravações às segundas-feiras. O espaço era pequeno para, no máximo, 120 pessoas. Era o lugar ideal para se criar um ambiente bem intimista para que artistas e telespectadores pudessem se sentir em casa, no aconchego do lar. O cenário de José de Anchieta também teria que trazer a realidade do homem interiorano. E foi exatamente isso que foi feito: uma casa de caboclo. Depois de uma temporada de sucesso, o cenário se transformou em um armazém, simulando aquele do interior, onde se vendia de tudo desde fumo de rolo até linguiças, queijos, cachaças e material de limpeza.

Se a ideia era trazer um programa com a essência musical brasileira, seria necessário então fazer um mapeamento do país, e o *Som Brasil* fez isso com maestria. Luiz Gonzaga e Dominguinhos eram representantes natos do Nordeste, o Chico Maranhão e o violeiro e cantor Dércio Marques, de Minas Gerais, a dupla caipira Liu e Léu, de São Paulo, o cantor e compositor santista Passoca, Diana Pequeno, da Bahia, e tantos outros que foram revelados pelo *Som Brasil* como Almir Sater, do Mato Grosso; foi o primeiro programa de tv do qual ele participou.

A dedicação de Boldrin ao *Som Brasil* era intensa, não sobrava tempo para mais nada. Teatro, cinema e novela foram sendo deixados de lado, guardados no baú das aspirações, mas não esquecidos. Bastava assistir ao *Som Brasil* para perceber que as vivências acumuladas no passado, com as experimentações dos diversos ambientes artísticos, faziam do programa algo único. Não havia uma sequência lógica de quadros como era usual na TV. Além da veia criativa, Boldrin era avesso a roteiros e direção. E essa foi uma das suas marcas, inclusive nas novelas.

O improviso fazia parte da sua rotina de trabalho nos palcos e frente às câmeras. Não foram raras as vezes em que os seus companheiros de cena se viam em situações de paralisia, à espera das peripécias daquele ator de alma caipira.

Um exemplo: era início da carreira da atriz Geórgia Gomide e sua primeira peça teatral apresentada pela TV Tupi se chamava *Senhorita Júlia*. Naquele tempo, as peças eram veiculadas ao vivo pelas emissoras e sem cortes, tudo acontecia numa única sequência e registravam o mesmo sucesso que as novelas nos dias atuais. Em cena, Geórgia e Boldrin faziam um par romântico. Ele chegava por trás, pegava no ombro dela, câmara em close, e fazia uma declaração de amor numa fala extensa:

– *Você é como vinho, quente, com fortes temperos...*

Para desespero de todos, principalmente da atriz, o galã esqueceu o texto. E o contrarregra do estúdio, para salvar a cena, agachou e sussurrou o texto embaixo da câmera. Mas a única palavra que saiu nítida foi: "Vinho". E dá-lhe improviso do ator:

– *Vou dar-lhe um copo de vinho, beba!*
– *Beba?*
– *Beba!*

Como ela não bebia, ele foi mais incisivo:

– *Beba, sua idiota!*

Diante dos olhos arregalados e da falta de reação de Geórgia, Boldrin finalmente conseguiu se lembrar do texto e, com a maior tranquilidade e "cara de pau", tirou o copo da mão dela e falou:

– *Você é como este vinho, quente, com fortes temperos...*

Geórgia Gomide foi destaque na TV com passagens pela Tupi, Excelsior, Record, Globo, Rede Manchete, SBT... Os seus maiores sucessos foram na novela *Vereda tropical*, na qual ela fazia a dona da cantina italiana Bina, e em *Hipertensão*, com a interpretação da maquiavélica Donana, duas novelas globais.

A direção da emissora não acreditava que daria certo um programa tão extenso sem roteiro, com uma hora de duração, mas pagou para ver. O curioso é que, como não houve piloto, ninguém sabia como seria o *Som Brasil*, exceto Boldrin. Quando perguntado onde estava o roteiro, ele respondia "está aqui", apontando o dedo para a cabeça. Tudo foi criado no calor da emoção, sem ensaio. Para frustração dos mais pessimistas, o matinal foi um sucesso. A estreia, às 8 horas da manhã, em 9 de agosto de 1981, no dia dos pais, registrou picos de audiência. Na abertura, Boldrin deixou claro que não era apresentador, tão pouco cantor, e sim um contador de histórias. E usou ainda uma frase do escritor Érico Veríssimo para deixar claro que a filosofia do programa era valorar os artistas sem distinção, o cantador gaúcho teria o mesmo peso que o sanfoneiro do Nordeste: *"O homem brasileiro é, milagrosamente, um só."*

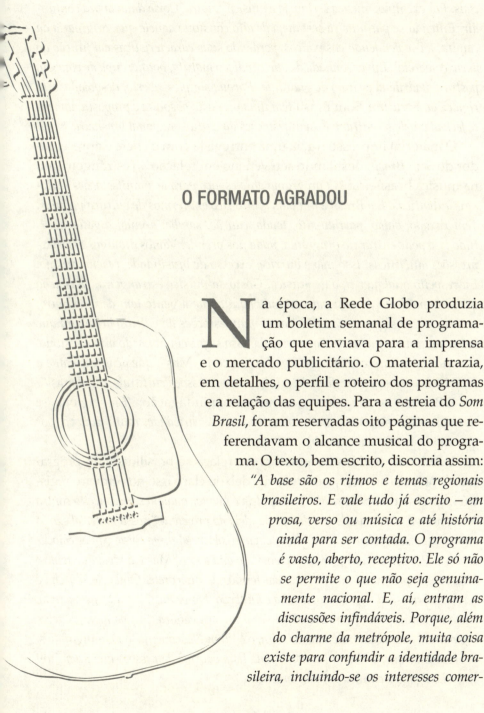

O FORMATO AGRADOU

Na época, a Rede Globo produzia um boletim semanal de programação que enviava para a imprensa e o mercado publicitário. O material trazia, em detalhes, o perfil e roteiro dos programas e a relação das equipes. Para a estreia do *Som Brasil*, foram reservadas oito páginas que referendavam o alcance musical do programa. O texto, bem escrito, discorria assim: *"A base são os ritmos e temas regionais brasileiros. E vale tudo já escrito – em prosa, verso ou música e até história ainda para ser contada. O programa é vasto, aberto, receptivo. Ele só não se permite o que não seja genuinamente nacional. E, aí, entram as discussões infindáveis. Porque, além do charme da metrópole, muita coisa existe para confundir a identidade brasileira, incluindo-se os interesses comer-*

ciais. Por exemplo, *música sertaneja* e *música caipira*. Coisa danada pra confundir. Entenda-se por música sertaneja de alto consumo aquela que, originária da caipira, foi se vendendo aos poucos, perdendo suas características em função do apelo comercial. Envergonhada da sua condição matuta, botou roupa de cowboy, postura madrilena e ritmo de guarânia. Porque simples, aberto, despojado, sem rigidez de estrutura, Som Brasil tem uma proposta absoluta e propositadamente fechada: nele só entram as manifestações da cultura regional brasileira."

O material impresso trazia uma entrevista com o chefe e apresentador do *Som Brasil*, destilando seu veneno em relação ao estrangeirismo na música brasileira: *"O programa abre espaço para as manifestações regionais autênticas. E o Brasil é um país muito rico em termos de cultura popular. Tem xaxado, baião, partido-alto, toada, canção, samba, a música gaúcha... E tudo isso pode entrar no programa, nada nos prende. Vamos divulgar essas expressões autênticas. Isso não é burrice, excesso de brasilidade, reacionarismo. Eu respeito qualquer tipo de música. Gosto da música estrangeira. Mas acho que, se um ritmo de fora vai matando aquilo que a gente tem de mais puro, precisa tentar segurar. Existem por aí manifestações da cultura brasileira que sofreram um bloqueio e estão morrendo. Isso se fez em nome do alto consumo. É natural um intercâmbio entre países. Tá certo. Mas o que acontece é que a influência estrangeira sufoca determinadas expressões culturais brasileiras."*

E Boldrin encerra deixando no ar uma indagação: *"Eu pergunto, se nós temos a nossa cultura, tantos temas, tanta variedade, tanta riqueza, por que não trabalhar em cima disso?"*

Não havia dúvidas na emissora em relação à brasilidade do programa. O próprio diretor, José Amâncio, deixou claro isso no primeiro registro impresso do *Som Brasil*: *"Nossa ideia é não ter qualquer preconceito contra intérprete ou ritmo, desde que dentro da ideia do projeto. O nosso material são os ritmos e temas brasileiros. Se a gente tem que colocar alguma coisa, vamos colocar o nosso. Por ser até um projeto pretensioso, audacioso. Mas é a ideia que temos. Veja bem, o programa não é rígido em termos de intérprete. Onde ele se fecha é na seleção musical, repertório, na sua concepção. Na prática, o seu leque é amplo, bastante abrangente.* Som Brasil *não é só música caipira. São as manifestações regionais. Nele cabem o Renato Teixeira, o Milton Nascimento, o Dominguinhos, o Chico Buarque, a Diana Pequeno, uma lista enorme de pessoas que fazem um trabalho ligado à cultura popular brasileira."*

E o dia 9 de agosto começou cedo para nunca mais terminar. Às 8 da manhã, a telinha é invadida por imagens variadas de serra, sertão, gente e pela música "Vide vida marvada". O primeiro bloco começa sendo abençoado com a interpretação de Boldrin para "Eu, a viola e Deus". Nessa parte, como uma homilia, Lima Duarte diz um texto de Guimarães Rosa em gravação feita numa igreja de Carapicuíba, interior paulista: *"Todo mundo é louco. Eu, o senhor, nós todos. É por isso que se carece muito de religião"*.

Para encerrar a primeira parte do programa, a dupla Liu e Léu canta "Romaria", de Renato Teixeira.

No bloco seguinte, mais cantoria e poemas. Dominguinhos canta "Amizade sincera", de Renato Teixeira. Um texto de Guimarães Rosa sobre o amigo ainda é apreciado na voz do apresentador. A terceira parte do programa trouxe a nova geração de compositores, pelo menos naquela época, como Almir Sater, Doroty Marques, Décio Marques e Maranhão; o encerramento é feito com a retomada da dupla Venâncio e Corumbá, após 15 anos de separação.

E o quadro com o Ranchinho – vamos falar sobre ele mais à frente deste livro – abre o último bloco do primeiro *Som Brasil*. Uma sátira política sobre a situação do país, algo que fazia parte da cultura popular. O encerramento contou ainda com a dupla Mineiro e Manduzinho cantando "Situação encrencada", de Cornélio Pires, e mais Diana Pequeno, Adauto Santos e o Bando Macambira e Beto Ruschel.

Durante todo o dia, a Globo recebeu uma enxurrada de ligações com elogios de pessoas comuns, telespectadores, e também de autoridades e artistas como o ator Carlos Alberto Riccelli, a atriz Bruna Lombardi, o maestro Júlio Medaglia e tantos outros. Muitos inclusive choraram ao telefone, tomados por tamanha emoção. O maestro Medaglia, que havia trabalhado como diretor musical da Globo, ficou surpreso e contente em saber que o amigo conseguiu total autonomia e independência no programa, uma raridade na emissora. As gravadoras tinham forte influência e acabavam impondo seus cantores em qualquer conteúdo da grade. *"Finalmente alguém preocupado em divulgar e investigar as raízes da música brasileira"*, ressaltou o maestro Júlio Medaglia.

Mas a primeira ligação foi do presidente da TV Bandeirantes Johnny Saad. Boldrin não havia se desligado da Band onde fazia *Os imigrantes*.

Como o seu personagem morreu antes do fim da novela, ele simplesmente foi para a Globo. Johnny tinha um carinho especial pelo caipira ator e cantador e com seu jeito irreverente foi direto na cobrança:

– *Seu filho da puta, como você leva seu programa para a Globo em vez de ficar com a gente?*
– *Johnny, mas eu ofereci para o diretor musical da sua emissora, o Cláudio Petraglia, e ele não quis. Eu inclusive disse a ele que a Globo tinha me feito uma proposta. Acho que o Petraglia não acreditou e me mandou fechar com eles.*
– *E quanto tempo o seu contrato vai durar aí na Globo?*
– *Assinei o contrato, Johnny, por um ano.*
– *Então, daqui a um ano você volta pra cá...*

Incontável era a quantidade de cartas de fãs, amigos e profissionais que invadia diariamente a caixa de correio dos Boldrin. Sugestões, pedidos de músicas e principalmente elogios, ressaltando a qualidade do trabalho do caipira. Algumas delas são guardadas até hoje, uma pilha de documentos que registram a trajetória de novelas, filmes, programas, shows... Mensagens de pessoas de destaque como o poeta popular Antônio Gonçalves da Silva (Patativa do Assaré), o cantor e compositor Egberto Gismonti, o cartunista Mauricio de Souza... Uma dessas cartas datilografadas e amareladas pelo tempo é do sertanista Orlando Villas Boas, postada no natal de 1983 (reproduzida na pág. 150).

Às vezes, em casa, antes de sair para o trabalho, Boldrin se lembrava de alguns causos e anotava em um papelzinho. Mas só para refrescar a memória como ele mesmo dizia. No programa de estreia de Almir Sater na TV, por exemplo, os dois conversaram em tupi-guarani, língua indígena. Tinha também citação de textos de diversos poetas e escritores. Eram raras as conversas com os cantores porque o caipira achava que não sabia entrevistar. O músico entrava no palco e apresentava a sua canção. E não podia ser a toada de sucesso, mesmo se fosse um cantor famoso. Certa feita, Jair Rodrigues foi convidado para se apresentar e a esposa dele, que cuidava da produção, disse que Jair só iria se cantasse a tal música de trabalho. Não adiantou a pressão, Jair Rodrigues só veio participar do programa meses depois do ocorrido.

148

Em 1982, o conhecido jornalista Artur da Távola, que foi redator e editor de diversas revistas e colunista de televisão nos jornais *Última Hora, O Globo* e *O Dia*, escreveu na sua crítica que o *Som Brasil* era mais profundo do que parecia. O texto foi registrado no livro que marcou os 50 anos de carreira de Rolando Boldrin, *História de amar o Brasil*. Távora escreveu:

> *Ao acabar de ver, uma vez mais, o programa* Som Brasil, *da Rede Globo, domingo de manhã, não pude deixar de exclamar: puxa vida, que bom programa! Não era novidade, coloquei-o entre os grandes destaques do ano, a crítica de televisão deferiu-o, mas há certas habilidades que quanto mais a gente constata melhor compreende. Passa-se com* Som Brasil *o seguinte: quem o faz gosta profundamente dele.*
>
> *O Rolando Boldrin transmite a ligação profunda que tem com os temas interioranos do Brasil. Transmite-o afetivamente, na maneira de olhar para o Ranchinho no quadro final e escorregar-lhe alguma deixa breve ou na forma de interpretar os quadros ou no modo de receber os artistas convidados. O olho dele brilha, e um afeto muito acima e além da relação profissional permeia o programa, o que lhe dá um ótimo astral.*
>
> *Quem comparece ao auditório também ajuda muito. Só vai quem gosta daquele tipo de música. Ali não há as clássicas claques dos auditórios. Há sinceros curtidores de um tipo de música antes fora do esquema da produção televisiva e hoje já presente em três canais, pois a Bandeirantes tem um programa de músicas interioranas; a TV Cultura tem o* Viola, minha viola, *retransmitido pela* TVE *em vários estados, e a Globo tem o* Som Brasil. *Os rostos, a maneira de olhar, sorrir e curtir do auditório do* Som Brasil *revelam uma presença efetiva, de alto valor empático. Quem está em casa recebe e registra esse bons fluidos.*
>
> *Outro signo subjetivo e muito atuante no* Som Brasil *é a forma do programa. Ela possui a mesma simplicidade de sua proposta musical e cultural. A televisão ali não é um fim, mas um meio. O elemento eletrônico entra como divulgador, nada mais.*
>
> *Os moderníssimos programas de televisão alardeiam o parque de recursos técnicos hoje à disposição: efeitos, ruídos, sons, truques de imagem fabulosos.* Som Brasil *não os utiliza. Seu ritual é pré-eletrônico. Nem os instrumentos dos artistas nem os efeitos visuais blasonam a superioridade do tecnológico sobre o humano. A música do* Som Brasil *é pré-eletrônica; ela vive do diapasão musical tradicional, das serestas, das noites de silêncio e estrelas. O programa traduz na sua "fala" visual o clima de calma exterior na qual o passado gestou as melodias sofridas da melancolia ameríndia ou a pobreza engendrou a graça e a ironia dos cantos de mofa ou zombaria, as emboladas, os desafios.*

Sr. Orlando Villas Boas

Boldrin e equipe

Um BOM NATAL — obrigado pelo cartão recebido. Deus haja que 84 que aí vem, repita o sucesso do 83 que aí vai.

Todo domingo um pedacinho do Brasil autêntico fala e canta pro Brasilsão que ouve. Isto que pode parecer ao menos avisado, ser apenas, um bom programa, encerra um valor maior - é o "pote" grande da brasilidade que todo domingo pinga no coração da gente.

Esse negócio de "pinga no coração", tá meio forte, já que a dita foi feita pra "goela". Em se pondo, na goela, porém, a cabeça do circunstante se descontrola e, em lugar de sair trova ou poesia, sai verso pesado e intranquilo -

Preguntei pra Salomão
O Rei da Sabedoria,
Se ele ponhava 3 pote
No gancho dé'uma forquia.

Andei pelo mundo inteiro
E não vi quase valia
Vi fio xingando a mãe
Vi pai pastorando a fia.

abraços
Orlando
1984

Carta desejando um feliz Natal enviada pelo sertanista Orlando Villas Boas, em dezembro de 1983.

O formato agradou

Bilhete do músico e compositor Egberto Gismonti.

O reencontro com a simplicidade formal do programa e das músicas do Som Brasil *funciona, pois, como uma tomada de posição diante de características alucinantes e alucinatórias dos tempos atuais, abundantes na maioria dos espaços televisivos.*

Essa atitude de resistência ao moderno e ao modernoso não é assumida de modo reacionário, pelo programa. Ele não está defendendo o cediço, o antiquado. Não! Nenhuma palavra de saudosismo! Ali está, ao revés, o moderno. O que não morre com modas e modismos é.

Há uma atitude qualificada na adesão daqueles artistas aos estilos populares não contaminados ou modificados pelas seduções da sociedade de consumo e pelos veios internacionalizantes do rock. Ao lado das músicas antigas e tradicionais lá estão, igualmente, dezenas de artistas jovens cantando ou criando de forma contemporânea o permanente que jaz em tudo, a despeito de qualquer inovação. Ainda domingo passado a cantora Diana Pequeno fazia uma intervenção belíssima, jovem a mais não poder, cantando tema antigo de Villa-Lobos. Moderna – nesse sentido – é a atitude interior que impele várias pessoas (de artistas a público) a um exercício com forma de arte representativas de um tipo de vida e de atores insepultos na avalancha consumista. O que estala, pipoca e crepita no clima geral do Som Brasil *são os valores de vida relacionados com o que ali se canta, diz ou proclama: uma vida na qual a dimensão humana prepondere sobre o maquinal, o elétrico, eletrônico, atômico, digital ou nuclear. O homem cansado da sociedade industrial anda buscando a maneira de compatibilizar progresso material com qualidade de vida do passado volta a ser uma aspiração do futuro.*

Funciona, pois, o Som Brasil *como uma estância terapêutica: um espaço e um clima não poluído. Forma e conteúdo do programa aproximam-se, gerando uma trégua prazenteira. Por dentro da simplicidade aparente do programa há essa latência poderosa e complexa: a das formas de vida ali defendidas sem qualquer discurso ou pregação verbais, apenas com a música escolhida e a opção pelo simples, pelo natural, pelo espontâneo, pelo popular. Somem-se a todos esses signos a qualidade e simpatia dos artistas convidados e a pureza maravilhosa daquilo que é profundamente brasileiro e, quando aparece e consegue vicejar diante da avalancha de músicas apenas preocupadas com o sucesso de mercado, leva-nos a nós mesmos e ao que somos originalmente, como povo, como raças fundidas e como nacionalidade.*

Som Brasil, *além de ser um dos mais importantes programas da televisão brasileira apesar do horário perdido, é uma estância de paz. Faz bem porque nos recompõe com a melhor de nossas dimensões perdidas no meio da fumaça do barulho, do estresse da poluição e da guerra real ou disfarçada na qual vivemos a morrer. Ou morremos a viver.*

O *Som Brasil* passou a ser o programa de domingo preferido da família brasileira. E em São Joaquim da Barra mais ainda. A cidade se orgulhava do seu filho ilustre. Era só soar os primeiros acordes da música "Vide vida marvada" na TV e as ruas ficavam quase desertas. Depois da tradicional missa de domingo, os moradores corriam para casa para ver o que seria apresentado. Os causos que seriam contados, quais artistas seriam revelados. Em Bauru, interior de São Paulo, teve padre que mudou o horário da missa para não sofrer a concorrência do programa. Em Curitiba (PR), o programa chegou a dar 80 pontos no Ibope; e em São Paulo, 20.

Os Boldrin já não passavam mais despercebidos aos olhares do povo de São Joaquim. O pai, que não veria esse sucesso do filho, pois faleceu em fevereiro de 1977, tornou-se também figura de destaque na região. De tanta tietagem, escreveu no para-brisa do seu inseparável caminhãozinho "Oh, caboclo", para que todos da cidade se sentissem cumprimentados por onde ele passasse com o velho Chevrolet 28, um presente do filho Boldrin. Seu Amadeu tinha o hábito de chamar todo mundo de caboclo.

Apesar de grandalhão e corpulento, com seus quase dois metros de altura, visual que impunha medo e respeito, o tutor da família era um grande gozador. Todo mundo na cidade adorava ter um dedinho de prosa com ele. Além de ser pai de um dos artistas mais admirados da TV brasileira, era muito criativo, contava boas histórias e era bastante engraçado, um verdadeiro pândego. Fonte de inspiração para o filho que se tornou mestre na arte de interpretar os fatos inusitados do cotidiano das pessoas.

De vez em quando, seu Amadeu dava umas fugidas à casa de meretriz, zona no popular. E, quando algum frequentador fazia bagunça no local, por causa da bebedeira em estágio avançado, ele ia para os fundos do estabelecimento e vestia uma farda de soldado que havia comprado de brincadeira. Pegava o arruaceiro pelo braço e o conduzia aos empurrões até a delegacia. No caminho, dava sermão no indivíduo, que era obrigado a prometer que nunca mais voltaria lá. E, claro, como não era policial, soltava a pessoa antes de chegar à delegacia. Mas a brincadeira se tornou famosa na cidade e caiu nos ouvidos da própria polícia. Não tardou para os policiais armarem um flagrante. Quando seu Amadeu puxava mais um cachaceiro pelo braço, a polícia deu o bote e o obrigou a tirar a farda. Depois de queimá-la, ali mesmo, voltou para casa só de cueca... Difícil foi explicar para a mulher o fato.

A importância do pai na vida de um filho é inegável. No entanto, seu Amadeu tocou ainda mais no fundo na alma e no inconsciente de Rolando. O exemplo paterno serviu como uma alavanca para o nascimento do artista. As lembranças daquela figura tão representativa na sua educação se resumem em uma frase dita como um mantra para que o filho pudesse enfrentar com garra os obstáculos da vida: "Homem não chora". Mas o caipira de São Joaquim da Barra não conseguiu manter a promessa e caiu em lágrimas depois da morte do pai. O acontecido ficou registrado em poema.

Homi não chora

Hoje aqui, oiando pra vancê meu pai
Tô me alembrando quanto tempo faz que pela primeira vez na vida eu chorei.
Não foi quando nasci pru que sei que vim berrando...
E disso ninguém se alembra, não.
Foi quando um dia eu caí... levei um trupicão,
Eu era criança. Me esfolei, a perna me doeu,
Quis chorá, oiei pra vancê, que esperança.
Vancê não correu pra do chão me alevanta.
Só me oiô e me falô:
– Que isso, rapaz? Alevanta já daí... Homi não chora!
Aquilo que vancê falô naquela hora calou bem fundo,
Pru que vancê era o maió homi do mundo.
Não sabia menti nem pra mim nem pra ninguém...
O tempo foi passando...cresci também...
Mas sempre me alembrando...
Homi não chora. Foi o que vancê falô.
O mundo foi me dando os solavanco,
Ia sentindo das pobreza os tranco...
Vendo as tristezas vorteá nossa famía,
E as vêiz as revorta que eu sentia era tanta
Que me vinha um nó cego na garganta,
Uma vontade de gritá... berrá, chorá... mas quá...
Tuas palavra, pai, não me saía dos ouvido...
Homi não chora.
Intão, mesmo sentido, eu tudo engolia

E segurava as lágrima que doía...
E elas não caía, nem com tamanho de
Quarqué uma dô...
Veio a guerra de 40... e eu tava lá... um homi feito,
Pronto pra defendê o Brasí.
Vancê e a mãe foram me acompanhá pra despedi.
A mãe, coitada, quando me abraçô, chorô de saluçá.
Mas, nóis dois, não.
Nóis só se oiêmo, se abracêmo e despedimo
Como dois Homi. Sem chorá nem um pingo.
Ah, me alembro bem... era um dia de domingo.
Também quem é que pode esquecê daquele tempo ingrato?
Fui pra guerra, briguei, berrei feito um cachorro do mato,
A guerra é coisa que martrata...
Fiquei ferido... com sodade de vancês... escrevi carta.
Sonhei, quase me desesperei, mas chorá memo que era bão
Nunca chorei...
Pruque eu sempre me alembrava daquilo
que meu pai falô:
— Homi não chora.
Agora, vendo vancê aí... desse jeito... quieto... sem fala,
Inté com a barbinha rala, pru que não teve tempo de fazê..
Todo mundo im vorta, oiando e chorando pru vancê...
Eu quero me alembrá... quero segurá... quero maginá
Que nóis dois sempre cumbinemo de Homi não chora...
Quero maginá que um dia vancê vorta pra nossa casa
Pobre... e nóis vai podê de novo se vê ansim, pra conversá.
Intão vem vindo um desespero, que vai tomando conta...
A dô de vê vancê ansim é tanta... é tanta, pai,
Que me vorta aquele nó cego na garganta e uma lágrima
Teimosa quase cai...
Óio de novo prôs seus cabelo branco... e arguém me diz
Agora pra oiá pela úrtima vez..que tá na hora de vancê embarcá.
Passo a minha mão na sua testa que já não tem mais pensamento...
E a dô que tô sentindo aqui dentro,
Vai omentando...omentando, quase arrebentando
Os peito...e eu não vejo outro jeito senão me descurpá.
O sinhô pediu tanto pra móde eu não chorá... Homi não chora...
o sinhô cansô de me falá...mas, pai,
Vendo o sinhô ansim indo simbora... me descurpe, mas...
Tenho que chorá.

Os números musicais eram os momentos mais esperados pelos telespectadores e os que faziam mais sucesso. Muitos nomes da música regional passaram por lá, como Dominguinhos, Luiz Gonzaga, Gilberto Gil, Patativa do Assaré, Moreira da Silva, e tantos outros. Ainda na época, a Ditadura Militar mostrava as suas garras. Mesmo assim, em meio à repressão, *Som Brasil* trazia um quadro de sátiras políticas. E não havia pessoa melhor para fazer dupla com Boldrin do que o cantor Ranchinho. Ao final de todo programa, os telespectadores já sabiam que ninguém ficaria livre da língua solta dos dois caipiras, vestidos a caráter com chapeuzinho de palha e camisa xadrez.

Ranchinho, ou melhor, Diésis dos Anjos Gaia, era um talentoso contador de causos que ficou muito popular depois de formar dupla caipira com Alvarenga. A carreira dos dois começou em 1929, em apresentações de circos no interior de São Paulo. Não demorou muito para serem contratados para cantar na Rádio São Paulo. Dois anos depois se mudaram para o Rio de Janeiro onde gravaram o primeiro compacto com a música "Itália e Abissínia", uma sátira sobre o conflito entre esses países. A dupla participou do primeiro filme falado feito em São Paulo, *Fazendo fita*, em 1935. No mesmo ano, passaram a se apresentar na rádio Mayrink Veiga, onde receberam o título de "Os milionários do riso". A dupla original se desfez em 1965 quando Diésis dos Anjos Gaia foi substituído por Delamare de Abreu e depois por Homero de Souza Campos. Com a morte de Alvarenga, em 1978, encerrou-se o dueto.

Alvarenga e Ranchinho levavam multidões aos teatros e aos shows ao ar livre. A sátira política era a marca da dupla e, também, o ingresso para a cadeia. A prisão tornou o segundo lar dos dois. Num período onde não havia espaço para a liberdade de expressão, Alvarenga e Ranchinho eram convidados a passar as noites no xilindró quase que rotineiramente.

No auge da ditadura Vargas, no final da década de 1930, Alvarenga e Ranchinho tinham cadeira cativa no Departamento de Imprensa e Propaganda (DIP), na verdade o gabinete de censura do governo Vargas. O diretor do DIP, Lourival Fontes, cansado das suas peripécias, chamou os dois para uma conversa, um puxão de orelhas. Fontes ficou sabendo que Alvarenga e Ranchinho estavam criticando o presidente da República e a partir daquele dia todos os causos teriam que ser contados para ele antes. Para dificultar mais ainda, o censor tinha algumas limitações no intelecto e nem sempre entendia a mensagem com precisão. A conversa a seguir, entre diretor do DIP e dupla, parece até uma piada, mas aconteceu de fato:

> **Diretor**: *A partir de hoje tudo que vocês cantarem e falarem tem que passar por mim primeiro.*
> **Dupla:** *Tudo? A gente faz show toda hora...*
> **Diretor**: *Se não contarem antes pra mim não vai ter show.*
> **Dupla**: *Mas, senhor diretor, o que nóis fala é de improviso.*
> **Diretor:** *Então traz o improviso aqui também para eu conhecer.*

Com a fama da dupla, vieram também os excessos. Ranchinho, ou Diésis dos Anjos Gaia, gostava de uma birita, de uma "marvada", como a cachaça é referendada pelo sertanejo. O vício do álcool trouxe dezenas de problemas, principalmente de relacionamento com o parceiro e com a família. A convivência familiar foi destroçada pelas impiedosas doses de bebida que tiraram Ranchinho da trilha da fama e o levaram para o caminho da depressão e da solidão. O cantor e comediante talentoso abandonou os palcos e foi viver no ostracismo, na sarjeta.

Boldrin era fã de Alvarenga e Ranchinho. Desde criança, ouvia a dupla no rádio. A amizade brotou quando começaram a dividir os mesmos palcos. Certa vez, numa dessas apresentações, prometeu que quando tivesse um programa na TV os dois seriam os primeiros a trabalhar com ele. Promessa que demorou para ser cumprida e mesmo assim ficou pela metade com a morte Alvarenga três anos antes. Na montagem do *Som Brasil*, veio a ideia de pagar a dívida com Ranchinho. Mas onde encontrá-lo? Ninguém sabia do destino do velho comediante. Durante uma entrevista na rádio Jovem Pan para falar sobre a estreia do programa, Boldrin expressou o desejo de fazer um quadro de sátiras com Ranchinho, mas que não tinha mais notícias do paradeiro do velho amigo. Por sorte, um sobrinho de Ranchinho, o narrador esportivo Fernando Solera, estava ouvindo a rádio, ligou para a emissora e noticiou o paradeiro do tio. Ele estava trabalhando como porteiro na boate Ilha Porchat Clube, localizada em Santos, litoral paulista. Pronto! O destino veio pelas ondas radiofônicas, mas a sintonia não foi imediata. Foram necessários mais dois meses para encontrá-lo.

Um dos maiores comediantes do Brasil, arrebatador de grandes plateias e que chegou a ser considerado o milionário do riso, estava jogado a quase pobreza e tristeza absolutas; não pelo trabalho de porteiro de boate, mas pela vida solitária de ébrio. Afastado da família, restou apenas a mão afável de Boldrin para retirá-lo da sarjeta.

Aliás, aí está uma das principais características desse contador de histórias: fazer o bem. É uníssono entre as pessoas que trabalham ou convivem com ele os elogios sobre seu jeito simples e carinhoso de tratar o outro. Cada um que frequenta a plateia de seu programa sai com a sensação de uma dedicação exclusiva. Boldrin é assim: possui, como se diz no interior, um coração de mãe.

A solidariedade de Boldrin mereceu diversos elogios. Um deles veio do saudoso diretor de teatro e apresentador do programa *Provocações*, da TV Cultura, Antônio Abujamra. Ao assistir no *Som Brasil* o quadro com Ranchinho, ele foi tocado por forte emoção ao ver o resgate de uma figura tão expressiva da arte da comédia e ligou para elogiar a iniciativa e o lado humano de Boldrin. Ranchinho melhorou de vida, voltou ao convívio familiar e o quadro foi sucesso por três longos anos. No programa, os dois vestiam camisa xadrez e chapéu de palha. Entrava um título na tela "Criação imortal de Alvarenga e Ranchinho", uma réplica em homenagem à famosa dupla.

Alvarenga, interpretado por Boldrin, e Ranchinho encerravam o programa. Isso quando conseguiam. Para criar um suspense e deixar a ideia de que estavam sendo censurados como nos velhos tempos da dupla na era Vargas, a luz do estúdio começava a piscar e a dupla fingia que ia cantar uma sátira e falava: *"ó, tão cortando nóis, não vai dar para cantar hoje. Fica para semana que vem. Inté, tchau"*. No programa seguinte a mesma cena, a mesma ladainha. Os dois cantadores comediantes eram sempre empurrados para o fim do programa. E,

O formato agradou

Som Brasil, no ano de 1981:
a volta de Ranchinho à televisão e
uma homenagem reunindo a viúva
e o filho de Alvarenga (duas fotos da direita).

para criticar o sistema de repressão, justificavam que não iam cantar. Não falavam o nome *censura*, mas deixavam subentendido. Os dois só foram cantar no terceiro domingo.

Outro momento do programa, também muito aguardado, era o lado ator de Boldrin quando ele declamava textos de poetas brasileiros, dos consagrados, como Carlos Drummond de Andrade, aos cordelistas quase desconhecidos. Ele também escreveu dezenas de poemas e, no momento da interpretação, revelava, mais uma vez, a memória prodigiosa. Não importava quanto tempo durasse. Nunca hesitou. Suas principais lembranças sempre foram o lugar da infância, o interior querido.

Cidade velha de guerra
Pedaço marrom de terra
Que guardo dentro de mim
Quando conto minha vida
Sua imagem é refletida
nos "causos" de São Joaquim

Percorro o Brasil inteiro
Com o meu jeito de violeiro
Contando minhas histórias
Vou desfiando rosários
Dos tipos hoje lendários
Gravados cá na memória
Causos do velho Adãozinho
No empório do Toniquinho
Negociando cavalos
Ou do irmão manquitola
Caboclo bom e gabola
Com os pés cheinhos de calos

Da família dos Trombini
Ou do Zeca Meneguini
Este, um grande gozador
Pois relembrava as proezas
E o tanto das safadezas
Do italiano meu avô

Vou Saudoso nas estradas
Relembrando mil toadas
em serestas e violão
O Jaime... cantor suave
Natirso de voz bem grave
Aos arpejos de Aniz João

Dito Preto meu querido
Personagem enternecido
Engraxate do barbeiro
Ao Dito sou sempre grato
Pois o craque dos sapatos
Foi meu grande companheiro

Vagueia meu pensamento
E me vejo qual rebento
Nas ruas da estação
Onde nasci em trinta e seis
Sendo o sétimo da vez
Dentre um punhado de irmão

De calças curtas molhadas
Onde o frio da enxurrada
Molhava a bunda da gente
Depois um jogo na esquina
Com os pés fora da botina
Numa pelada inocente

A professorinha marvada
Que passava as tabuadas
Tirando nosso sossego
Ou o pai dando castigo
Cavando com algum amigo
Uma promessa de emprego

Hoje o meu torrão de terra
São Joaquim velha de guerra
Cresceu e virou senhora
Mas o santo na capela
Sentirá saudades dela
Dos velhos tempos de outrora

Eu por aí vou seguindo
Muitas lembranças surgindo
Formando um livro bem grosso
Pra folhear na história
De São Joaquim e da aurora
Dos meus tempinhos de moço.

O *Som Brasil* ganhava em emoção ao ver o apresentador falar da forma de vida numa pacata cidadezinha do interior perdida, congelada no tempo:

Guaíra do gasogênio,
racionamento de açúcar, pão, o fim da segunda grande guerra, com a bandinha de música na madrugada.
O estilingue, meninos pelados nadando no rio,
o roubo de melancia nas roças, a chuva molhando a gente por fora e por dentro.

*Nossa casa de poucos quartos, cozinha de chão batido,
as crianças dormindo esparramadas em colchões feitos com palha de milho,
travesseiros de penas de galinha, as luzes das lamparinas cheirando a querosene,
a cobertinha rala.*

*Primeiro ano de escola, pião, papagaio, bolinha de gude, surras do pai.
Guaíra dos cambistas do bicho, das quermesses, do leilão, correio elegante, a primeira namorada.
Guaíra do meu querido pai, mecânico... na oficina do Zé Maria, onde paravam as jardineiras.
Minha mãe, dona Alzira, com os pratos de arroz
com abóbora e couve nos banquetes de quintal.*

*Guaíra do grande pé de tamarinho, do pé cheiroso de umburana.
Guaíra da primeira lágrima, primeira viola*

*Dos boiadeiros, catireiros, peões e poeira.
As fazendas, roças de algodão, de amendoim.
O sorvete de groselha no japonês... o Kamoia.
Pingas, capilés dos botequins, as mulheres da noite e da cama.*

*Coisas cantadas em dueto num mote revolucionário...
"A primeira lágrima primeira viola"*

*João Pacífico, Raul Torres, Serrinha, Mariano e Alvarenga e Ranchinho no alto-falante do locutor Lacativa. Mil réis, duzentão que dava pra matinê no Cine-teatro-Guaíra, onde na tela desfilavam
Roy Rogers, Tom Mix, Buck Jones, Dick Tracy, o detetive, Tarzan, Os perigos de Nyoka.*

*As modas escutadas
As toadas: Pingo-d'água,
Cabocla Tereza.
O patrão, o Estado,
os médicos da família, atendendo o povo, o padrinho fazendeiro, o pé cascão encardido, bola de meia, água de cisterna, batedor de lavar roupa, o rio Pardo dos peixes fritos lambuzando as mãos no baralho do jogo de truco.*

*Guaíra dos meus dedos...
Da primeira lágrima, primeira viola
Os vadios, o futebol, o brim cáqui empoeirado da loja do Salim, a ventania a boiada passando na rua.
A honra ultrajada, o tapa na cara do Ermelindo,
 a morte de um delegado, no duelo de verdade,
os amigos variados, a sociedade sem requinte,
o calor, a invernada.*

Lendas, histórias de assombração contadas e recontadas, as mandingas do negro Pindóba, no "Guaritá", a capelinha dos milagres,
o padre, heresia, primeiro palavrão, paixão de Cristo nos circos-teatro, o jejum forçado. O sono, a pousada, as estradas, caminhos por todos os lados, atalhos, picadas, a caça á capivara, o jogo de sinuca dos desocupados, café ralo, arroz minguado, os dentes cariados.

Meu irmão, o Formiga,
companheiro de voz,
viola e paixão "caipira"
a duplinha improvisada.

Guaíra sem fumaça, sem barulho, dos irmãos brigados,
amantes amigados, sargento reformado, tiro de guerra, heróis de guerra não condecorados, os mentirosos, tipos engraçados.

Guaíra do meu lugar.
das minhas doces e eternas lembranças.
do meu pai, da minha mãe, do meus irmãos
"GUAÍRA DA PRIMEIRA
LÁGRIMA, PRIMEIRA VIOLA"

O *Som Brasil* teve um sucesso astronômico, de causar inveja a qualquer um. No entanto, trouxe alguns amargores ao seu maestro, mais precisamente uma úlcera. Boldrin sempre foi uma pessoa com emoção à flor da pele. Entrega-se por inteiro ao que faz. E o aumento do estresse em uma emissora cheia de corredores, salas e chefias era inevitável. A disputa pela audiência criou um ambiente repleto de enfrentamentos. Um deles chegou ao ápice depois de oito meses de programa. O diretor da Som Livre, João Araújo, pai do cantor Cazuza, cobrava insistentemente a presença de cantores sertanejos da gravadora no *Som Brasil*. Ele não admitia um programa da Globo não apresentar as músicas da gravadora da própria emissora. Mas o acordo de Boldrin com a direção era ingerência zero.

Quem definia o roteiro e a participação dos músicos no *Som Brasil* era o próprio apresentador e ninguém mais. Por causa disso, Boldrin emagreceu bastante, chegou a pesar 60 quilos e contraiu uma úlcera. Para aliviar a dor no estômago, tomava com frequência leite. Até na mesa de bar, em vez de uma birita, o primeiro copo era sempre o "suco" lácteo, depois ingeria algo para aliviar o estresse, de preferência uma boa cana.

A pressão da Som Livre foi uma verdadeira guerra de titãs. Diante de tal impasse, o jeito foi levar o problema à esfera superior. Lembra que o caipira contador de histórias não leva desaforos para casa? Ele não só pediu uma reunião, como também preparou uma carta de demissão. No dia do encontro com o diretor financeiro da emissora, já no térreo do prédio na sede da Globo em São Paulo, ele teve a primeira crise estomacal. O diretor estava ao lado de Boldrin à espera do elevador, mas não trocou uma palavra, fingiu que não conhecia um dos apresentadores mais populares do país. Foi a gota-d'água. Na hora da reunião, veio o desabafo:

– *Bom dia, seu Boldrin. O senhor pediu uma reunião comigo?*
– *Pedi, sim, mas antes queria perguntar. Por que você não me cumprimentou lá embaixo?*
– *Não tinha te reconhecido.*
– *Não reconheceu o apresentador de um programa da sua emissora? Pois bem! Estou aqui para pedir minha demissão. Vocês me dão úlcera. Vocês me dão úlcera! Não quero mais trabalhar nessa emissora.*

O fato era que o programa registrava uma das maiores audiências da Globo. Domingo sem *Som Brasil* não era domingo. Difícil passar por algum lar brasileiro sem ouvir, de manhã cedo, a música de abertura "Vide vida malvada". Na verdade, o diretor financeiro estava com uma batata das grandes para descascar. Ele esperava um encontro para negociar valores e renovar o contrato e não uma notícia tão desagradável. Tentou reverter a situação sem sucesso. Talvez se tivesse agido diferente à espera do elevador... Talvez se tivesse contado outra desculpa, por exemplo, que não enxergava bem, o pedido de demissão não teria acontecido. Mas inventar que não conhecia uma figura tão representativa da música brasileira não foi nada agradável. Sem acordo, o problema foi enfim levado para a última instância da emissora: ao vice-presidente de operações, Boni.

O local era chique. Ficava no andar reservado à diretoria no prédio localizado no Jardim Botânico, no Rio de Janeiro. Um restaurante dentro da Globo para atender a diretoria e seus convidados, como políticos, artistas e autoridades. E lá estava Boldrin ao lado do todo-poderoso da empresa. A gentileza e presteza de Boni são atitudes que

O formato agradou

São Paulo, 25 de março de 1982.

À
TV GLOBO DE SÃO PAULO S/A
Av. Angélica, 160
São Paulo, SP

Ilmos. Srs. Diretores:

Venho por esta, denunciar o término do contrato que mantenho com esta empresa, que se dará no dia 31/05/82, e ao mesmo tempo firmar o desejo de não reformá-lo por motivos particulares.

Ciente de que dei o melhor de mim no prazo do referido contrato (01 ano), retribuo as atenções que me foram dispensadas por parte da direção do setor de Produções de São Paulo, na pessoa do Sr. Newton Travesso.

Sem mais, desde já grato pelo meu sucesso nacional subscrevo-me "caipiramente".

Atenciosamente

Rolando Boldrin.

Carta na qual Rolando Boldrin
pede demissão à TV Globo, em 26 de março de 1982.

trazem boas lembranças daquele encontro. Aliás, Boni fez questão de servir, pessoalmente, o prato de Boldrin. Os dois tiveram uma conversa amigável, o que fez o caipira repensar sua decisão.

– *Boni, vocês me dão úlcera!*
– *Por que, Boldrin?*
– *Todo mundo na Globo quer mandar no meu programa. O João Araújo quer colocar os cantores sertanejos da Som Livre e o* Som Brasil *não é sertanejo. O programa mostra a música brasileira, principalmente, cantores desconhecidos para trazer a diversidade do país. Outro ponto, as chamadas não destacam o meu nome, parece que o* Som Brasil *não tem apresentador. Eu não aguento mais e quero mesmo é pedir demissão, vocês me dão úlcera...*
– *Calma, Boldrin. Não sabia disso. A partir de agora ninguém interfere no programa.*

Desse dia em diante ninguém ousou molestá-lo na emissora. Depois da conversa franca e amigável com Boni, Boldrin colocou a carta de demissão de volta no bolso (guardada até hoje como relíquia), teve o salário triplicado e ganhou passagens para descansar na Europa. A Globo separou, então, três bilhetes de primeira classe para um *tour* por algumas capitais do velho continente, e assim ele embarcou na companhia de Lurdinha e do neto Marcus (registrado como filho por Boldrin), então com 8 anos.

O comandante do Boeing 747-300 da Varig reconheceu o artista entre os passageiros e o convidou para visitar a cabine durante o voo. Boldrin recusou, mas sugeriu que levassem o neto, que estava entusiasmado com a sua primeira viagem internacional.

O garoto ficou impressionado com a quantidade de botões e controles do painel, um verdadeiro quebra-cabeças, que ele decidiu decifrar. Ao deixar a cabine, disse que havia escolhido a profissão: iria se tornar piloto de avião e passou a ler de tudo a respeito de aeronáutica, era um verdadeiro autodidata e falava como um especialista. Quando Marcus completou 16 anos, Boldrin o matriculou na escola de aviação do Campo de Marte, na zona norte de São Paulo, onde ele aprendeu a pilotar os monomotores e tirou o brevê.

No dia em que Marcus faria o primeiro voo solo, chamado de batismo do piloto, Boldrin falou ao neto que estaria lá no Campo de Marte

O formato agradou

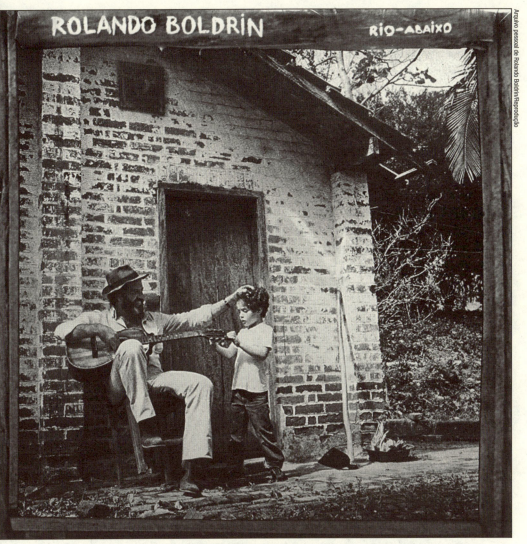

Capa do disco *Rio-abaixo*.
A criança na foto é o neto Marcus (registrado como filho).

para assistir à decolagem e foi o que fez. Emocionado, disse à família ao voltar pra casa que ficou muito feliz com o desempenho do adolescente. *"Ah, isso não foi nada"*, disse Marcus se gabando. *"Vocês vão ver quando eu estiver pilotando um Boeing."*

Boldrin conhecia o dono da TAM, o comandante Rolim Amaro, e pediu a ele uma oportunidade para que Marcus pudesse seguir carreira naquela que estava se tornando a maior companhia aérea do país. O comandante Amaro permitiu que o jovem entrasse para a empresa e, de início, repassou serviços burocráticos. Aos poucos, o neto de Boldrin foi se familiarizando com o *cockpit* das aeronaves e fez os primeiros voos como assistente e depois como copiloto. Com pouco mais de 20 anos, pilotava os Fokker 100 e não demorou a entrar no seleto grupo de comandantes de primeira linha, disponíveis para rotas internacionais.

Um dia, ao chegar a casa, contou a novidade. Iria fazer o primeiro voo com destino a Paris. Boldrin disse que estaria dentro do avião. Comprou passagens de primeira classe para ele e Lurdinha e os dois se acomodaram nas confortáveis poltronas. Estava se servindo de champanhe quando ouviu no alto-falante: *"Senhores passageiros, vamos começar a nossa viagem com destino a Paris. Peço a todos que coloquem as suas poltronas na vertical e afivelem os cintos de segurança. Em nome da tripulação, eu, comandante Boldrin, desejo a todos uma ótima viagem"*. Nesse momento, Boldrin chorava como uma criança. Da mesma forma que o avô, Mário, se viu nele na farda do Exército, Boldrin viu no neto Marcus a mesma perseverança em busca de um sonho, a mesma gana que o fez trocar São Joaquim da Barra por São Paulo para seguir a carreira artística. O neto nunca desistiu do sonho de pilotar e chegou ao topo com menos de dez anos de profissão. Ao fim da viagem, um jantar especial na capital francesa para no dia seguinte todos voltarem ao Brasil conduzidos, mais uma vez, pelo comandante Marcus.

Cantores e músicos de todo o Brasil enviavam discos ou fitas cassetes com seus trabalhos. Uma infinidade de materiais, mais de trezentos por semana, e alguém tinha que analisar para separar o joio do trigo. E quem fazia isso era o próprio Boldrin. Ele ouvia cada um com o mesmo interesse e dedicação. Muitas vezes se surpreendia com o talento de desconhecidos. Na lembrança está o pedido do sanfoneiro Dominguinhos para que conhecesse dois garotos repentistas do Recife. Eram jovens pobres que ganhavam a vida como artistas de rua. Pela primeira vez a dupla ia se apresentar na TV e o Brasil ficou conhecendo Caju e Castanha. Boldrin ficou tão impressionado com os dois pernambucanos que eles ficaram a metade do programa divertindo a plateia e telespectadores com seus repentes. O que a tela não mostrou é que os garotos moravam embaixo do viaduto Minhocão em São Paulo. Na segunda, um dia depois de figurarem no *Som Brasil*, foram reconhecidos por um motorista que passava pelo local:

– *Vocês não são aquela dupla de repentistas que se apresentou na Globo ontem?*
– *Somos nós mesmos.*
– *Vocês são mendigos?*
– *Não, não somos mendigos.*

O motorista ligou para a esposa dizendo que estava com os mendigos cantores do *Som Brasil* e lhes ofereceu comida, banho e um lugar para ficar.

A ESCOLHA DO REPERTÓRIO

Para ouvir todas as fitas e discos era preciso silêncio, um lugar calmo onde Boldrin pudesse se concentrar. Antes de iniciar o *Som Brasil*, ele comprou um sítio no interior de São Paulo, na cidade de Porto Feliz, região metropolitana de Sorocaba, a 112 quilômetros da capital. Uma cidade pacata, com pouco mais de 30 mil habitantes. Um lugar às margens do rio Tietê, que os indígenas nativos chamavam de Araritaguaba (termo tupi que significa "lugar de pedra de arara"). Era esse o refúgio escolhido para ouvir e selecionar o repertório do *Som Brasil*.

Todo fim de semana lá estava a mala pronta, algumas poucas peças de roupa e milhares de fitas e discos. O sítio era realmente um paraíso para quem gosta da vida do campo com muita regalia. Às margens da rodovia Marechal Rondon, os três alqueires de terra tinham horta, pomar, uma piscina, salão de jogos e uma casinha aconchegante, bem ao estilo de roça com um varandão. Espaço suficiente para receber os amigos para uma prosa, moda de viola ou simplesmente para deixar o tempo passar.

Mas o que mais despertava interesse de Boldrin pelo sítio eram os cavalos. Havia um especial que ele gostava de galopar. A paixão pelo animal vem de infância. O menino matreiro do interior sempre gostou de montaria, para desespero do pai, seu Amadeu. Certa vez, o pequeno Rolando levou uma boa surra e justamente por causa do amor pelos cavalos. Ele ficou desaparecido por quase uma semana. Sem notícias, a família acionou até a polícia para encontrar aquele moleque. Depois de alguns dias de sofrimento dos pais, o menino foi achado na fazenda do padrinho de batismo, Plácido Marques, perto de Santana dos Olhos d'Água. Era alegria em pessoa andando a cavalo. Voltou para casa dependurado pela orelha.

Um dos cavalos do sítio de Porto Feliz se chamava Castelo. O animal era branco e grande, muito bonito. Tinha até uma charrete usada tanto para os passeios com as visitas quanto para ir à cidade comprar mantimentos na mercearia. O sítio também rendeu causos engraçados que são contados nos programas da TV. Um deles é sobre o caseiro Noly, um gaúcho que se vestia a caráter: usava bombacha, lenço no pescoço e andava sempre de espingarda na mão. Fazia o tipo gaúcho machão. Quando alguém chegava, ele abria o portão sem esboçar nenhum sorriso.

– *Bom dia, seu Noly, tá tudo bem?*

– *Melhor agora* – ele respondia.

Boldrin costumava levar algumas caixas de cerveja da marca Serramalte, a que ele mais gostava. Por coincidência, é cerveja gaúcha. A geladeira sempre ficava abarrotada das amarelinhas. Um dia, chegando ao sítio, notou que a geladeira estava cheia de cerveja da marca Brahma, nada de Serramalte. Imediatamente, Rolando chamou o caseiro para saber o que havia ocorrido.

– *Oh, seu Noly, cadê as minhas Serramalte?*

– *Eu bebi, seu Boldrin, mas coloquei outra no lugar.*

– *Mas você colocou Brahma.*

– *Cerveja é tudo a mesma coisa* – disse seu Noly.
– *Então por que você não tomou a Brahma?*
– *Porque não gosto de Brahma, seu Boldrin.*

A convivência com seu Noly não deixou mágoas, pelo contrário. Quando o sítio foi vendido, ele ganhou até uma Brasília azul de presente pelos serviços prestados. O gaúcho arretado ficou feliz com o gesto de gratidão e agradeceu à sua maneira: *"Se um dia, seu Rolando, tiveres um desafeto, pode me chamar que eu mato o camarada".*

O sítio durou seis anos. Antes de ser vendido, Boldrin tentou transformar o local em um lugar para repouso de velhinhos. A intenção era doar a propriedade, mas ninguém se interessou. O jeito foi vender. Mesmo assim o dinheiro foi doado para uma casa de repouso na cidade de Poá, a 34 quilômetros de São Paulo. A diretora do local era Olga Sangirardi, uma senhora alta, morena, de bom coração, aparentando uns 50 anos. Ela era parente de um dos maiores radialistas dos anos 1960, Vicente Leporace. Ele foi o apresentador do programa *Trabuco*, da rádio Bandeirantes. Um informativo matinal que fazia a análise diária das notícias veiculadas nos principais jornais do país com críticas sempre muito ferinas. Tornou-se um símbolo da defesa dos oprimidos. Todos temiam o "trabuco" de Leporace, principalmente os políticos. O programa permaneceu no ar por 16 anos.

O asilo de dona Olga era pequeno, porém sempre tinha espaço para mais um. Boldrin contratou um arquiteto e aumentou o lugar, que passou a ter mais quartos, cozinha e refeitório amplos. A obra levou um ano e tornou o ambiente agradável e espaçoso. Para arrematar a decoração, ele ainda pintou um quadro com a imagem da face da mãe do Leporace e presenteou o asilo. A pintura foi pendurada na principal sala. O cancioneiro, contador de causos, ator, músico e apresentador também é pintor e "cabra dos bão".

Três anos de sucesso astronômico e uma das maiores audiências da Globo. Depois dos grandes festivais de música, da geração da bossa nova, do rock, mais uma vez o país se via diante de um fenômeno original, um programa que exibia a pluralidade de uma terra cosmopolita abarrotada de talentos musicais. O comandante de tudo estava cansado, a úlcera ia e vinha, as desavenças e os enfrentamentos não se espaireciam totalmente, mesmo depois da promessa do todo-poderoso da emissora de que não haveria ingerência no *Som Brasil*. Era hora de parar, de curar a dor no estômago e na alma. Boni chegou a oferecer um horário noturno para segurar na emissora um dos seus maiores talentos.

A oferta na grade seria no domingo depois do *Fantástico*. O espaço era ocupado com especiais de pessoas expressivas que já tinham morrido. A ideia era criar mais um programa, o *Empório Brasileiro*. Boldrin agradeceu e disse que ainda não estava morto. Mas antes de sair de cena, ele indicou o amigo e talentoso ator Lima Duarte para o seu lugar.

Em 1984, o *Som Brasil* tomou outra direção. Ficou mais teatral e menos musical, abrindo espaço para a música sertaneja (para alegria do diretor da Som Livre). Como Lima Duarte dominava o universo da poesia, passou a dar ênfase à narrativa, contando histórias e recitando trechos de escritores consagrados. O programa também começou a ter gravações externas em lugarejos e fazendas na busca de outras manifestações da cultura regional, como pinturas, comidas e produtos típicos, festas populares e artesanato.

Mas Boldrin já tinha deixado o seu legado. A Globo sempre manteve um padrão nas vinhetas, chamadas, aberturas e créditos em toda sua programação. Só que o caipira cabeça-dura, avesso a formalidades, esperava algo mais original, mais brasileiro. Ele queria mostrar que o *Som Brasil* era feito com carinho, produzido à mão, e buscou inspiração nas costureiras. Foi aí que a ficha técnica de abertura ganhou peculiaridade com créditos alinhados a habilidades manuais. E pela primeira vez em sua história a emissora mudava o seu padrão. O cenário recebia o nome de "Desenhado" e foi feito por José de Anchieta. Pesquisa era "Alinhavado" e ficava por conta de Marta Maia. Rodolfo Valentino, Mario Carneiro e também Marta Maia faziam a produção ou "Chuliado". Edi Newton era o diretor de TV, mais precisamente o responsável pelo "Recortado". Supervisão geral era "Pespontado", cujo comando estava com Nilton Travesso, e Rolando Boldrin ficava no "Proseado". O "Encomendado", que na verdade era a criação artística do programa, era de responsabilidade de José Amâncio e Rolando Boldrin. E para encerrar, a direção do programa, ou "Arrematado", era de José Amâncio.

A escolha do repertório

Com o ator Lima Duarte e o diretor Valter Avancini
no Teatro Augusta, na década de 1970.

EMPÓRIO BRASILEIRO

Rolando Boldrin decidiu, então, abrir o velho baú das abstrações e voltou para os palcos do teatro, do cinema e, principalmente, dos shows musicais. Apresentações sucessivas ocorreram Brasil afora. Mas a turnê regional durou pouco, apenas seis meses. Um período sabático mais que suficiente para perceber que o '"trem bão" mesmo eram as câmeras de TV. E, em retribuição à ligação pós-estreia do *Som Brasil*, o presidente da Band, Johnny Saad, foi o primeiro a ser procurado, e o contrato foi fechado no ato do encontro. Boldrin sempre quis fazer o programa na Band, ele achava que era a emissora mais brasileira do país. Ficou frustrado quando o diretor musical Cláudio Petraglia negou seu programa. Mas a empresa sempre esteve em primeiro plano.

Mesmo em uma nova emissora, houve a tentativa de manter o nome *Som Brasil*. Impossível! Ele havia sido registrado pela Globo, apesar de ser uma criação do apresentador do programa. O jeito foi adotar outro, baseado no título de um LP que Boldrin acabara de lançar: *Empório brasileiro*. E já que o nome ia ser diferente, por que não alterar também o horário? O programa estreou na Band no período noturno, às 21h, todas as terças-feiras. Para o telespectador que já estava acostumado com as manhãs, o *Empório* ganhou ainda reprise aos domingos cedo. A gravação era no teatro do Sesc Pompeia, o mesmo onde hoje se grava o *Sr. Brasil* da TV Cultura.

O *Empório brasileiro* manteve o mesmo formato e quadros do *Som Brasil*. Artistas consagrados e cantores desconhecidos se apresentavam. Causos e histórias eram contados. A única ausência foi a de Ranchinho. O programa não tinha o quadro da dupla com as sátiras políticas. Quando se desligou do *Som Brasil*, Boldrin não tinha intenção de trabalhar em outra emissora. Por isso, na saída pediu à direção da Globo para manter Ranchinho no quadro de funcionários. Não queria ver o velho amigo desempregado e reiterou as qualidades dele. Ranchinho ficou ainda algum tempo no *Som Brasil* contando seus causos e piadas sozinho. Nem por isso o programa na Band perdeu o brilho. Aliás, Boldrin foi premiado pela APCA em todas as emissoras por onde passou.

Ao estabelecer o *Empório brasileiro* na Bandeirantes, Boldrin voltou a receber dezenas de cartas todas as semanas de fãs e amigos. Uma delas, ele fez questão de ler no programa, tamanha a honra que sentiu, ao ser homenageado por ninguém menos que Patativa do Assaré, o poeta popular, cantor e compositor cearense, nascido Antônio Gonçalves da Silva (1909 -2002).

O sotaque nordestino, bem carregado, de Patativa também está nas letras da mensagem dirigida diretamente a Boldrin.

> *Sodade dentro do peito é igual fogo de monturo*
> *Por fora tudo perfeito, por dentro fazendo furo*
> *Boldrin, tu fique ciente, que mesmo vivendo osente*
> *como tô vivendo aqui, tenho na mente guardada*
> *aquelas hora animada que passei no* Som Brasil.
> *Tu, grande artista Boldrin, agrada a Chancho, a Martim*

alegra anão e a gigante, faz rir o sabido e o bobo,
o que fez na TV Globo, fez também na Bandeirantes.
Quando teu programa escuto,
meu coração de matuto balança e treme de amor.
Não é o nome do programa, que é o mesmo da graça e fama, e sim, o apresentador.
Teu Empório brasileiro é de riqueza um celeiro, que eu mesmo não sei dizer.
Faz entrar no meu sentido um mundo desconhecido, que muita gente não vê.
Essa fonte de riqueza, de beleza e de pureza, que pra muitos não vale nada,
mas pra mim vale um tesouro,
tem mais valor do que o ouro de toda a Serra Pelada.
Meu grande e modesto artista, tu atrai, prende e conquista,
da cultura é grande mestre.
Eu nunca vi como tu, pesquisar as coisas do sul e as coisas do meu nordeste.
Tu é nosso garimpeiro, que no Empório brasileiro apresenta com amor
joias da simplicidade que a tal de civilidade ainda não maculou,
Teu programa popular, de maneira naturar
tem muita peça inocente, sem a manipulação desses doutô sabidão,
que rouba as coisas da gente.
Continue fazendo assim meu camarada Boldrin, meu colega, meu irmão.
Conserve o nosso folclore pra que nunca discore as rosas da tradição.

Patativa do Assaré

Livros de poemas de Patativa, bem como de Cora Coralina, Catulo da Paixão Cearense, Otacílio Batista, Sergio Santa Rosa, Cornélio Pires, Abílio Vitor (Nhô Bentico), entre outros, lotam uma estante na casa de Boldrin na Granja Viana (SP) para consultas de causos que são incluídos no roteiro do programa *Sr. Brasil* (roteiro que, como sabemos, está somente na cabeça do apresentador). Os livros ficam ao lado de outros armários, cheios de fitas VHS, CDs, disco de vinil de artistas de todo os cantos. Materiais reunidos durante os anos em frente às câmeras. Tudo guardado com muito carinho por quem sabe que tem ali preciosidades dos rincões do país.

Quando Boldrin comandava o *Empório brasileiro*, o Brasil vivia o entusiasmo do fim da Ditadura Militar, que indicaria o primeiro civil à presidência, após o regime de exceção, embora ainda fosse de forma indireta pelo Colégio Eleitoral. O voto direto para eleger um presidente civil só aconteceria na eleição de Fernando Collor em 1989. Mas desde a passagem para a década de 1980 já se votava nos demais cargos no Executivo, como governos estaduais e prefeituras, e no Legislativo. O sociólogo Fernando Henrique Cardoso esperava, em 1985, se eleger prefeito da cidade de São Paulo.

Simpático à classe artística, FHC tinha o que era chamado de propaganda gratuita. Em todos os teatros, em espetáculos de música, em eventos literários, o nome do sociólogo era cantado em prosa e verso. A única pedra no caminho de FHC era um adversário poderoso, também bastante popular, o ex-presidente Jânio da Silva Quadros. Mas a vitória de FHC era considerada uma barbada, a ponto de ele ter participado de um ensaio fotográfico para uma revista sentado na cadeira de prefeito.

Para aproveitar a onda nacionalista surgida após 21 anos de Ditadura Militar, foi aconselhado a fazer uma campanha centrada nos valores brasileiros, no cidadão, o batalhador que não se cansa de apostar no país. A assessoria de *marketing* de FHC tinha a figura ideal para levar adiante a publicidade verde e amarela. Tudo apontava para o defensor da arte brasileira: Rolando Boldrin.

O nome do matuto foi bem recebido por artistas militantes políticos, como Gianfrancesco Guarnieri, e radialistas, como o locutor Osmar Santos. Todos se lembravam daquele caipira que apoiou a candidatura de Fernando Henrique em 1978, quando o político chegou a suplente de senador, ficando atrás apenas de Franco Montoro, ambos do PMDB. Dessa forma, FHC convidou Boldrin para um almoço no apartamento dele em Higienópolis, bairro nobre da cidade de São Paulo. Na presença de dona Ruth Cardoso e de alguns amigos comuns, para fortalecer a interlocução, foi servida uma tradicional comida mineira: tutu de feijão e bistecas ao ponto. Após a sobremesa, Fernando Henrique convidou os presentes para um bate-papo na sala de estar e abriu uma garrafa de Dom português. *"Boldrin, meu amigo"*, disse FHC, *"gostaria muito de seu apoio para a minha campanha à prefeitura"*.

Dando mais um gole na taça de vinho, FHC passou a discorrer sobre seus planos, sobretudo na área de direitos humanos, um tanto desarticulada pelo período sombrio do Regime Militar. Boldrin ouviu tudo com muita atenção, fazendo um reparo aqui e ali. Ao final da explanação, veio a surpresa. Boldrin recusou o pedido.

– *Olhe, eu agradeço demais o convite, mas eu vou votar no Jânio.*

Na campanha das Diretas Já, que tinha como mote "Eu quero votar pra presidente". Praça da Sé (SP), 1984.

– *Não conseguiria fazer você mudar de ideia?* – perguntou um desanimado candidato.

– *Sou janista desde que me conheço por gente* – explicou Boldrin.

Uma revelação inesperada, que deixou todos na sala um tanto sem graça.

– *Mas tenho uma sugestão* – disse Boldrin. *Por que vocês não contratam o Zé Béttio?*

José Béttio, nascido em Promissão, em 1926, era um radialista brasileiro que começou a carreira como cantor e sanfoneiro. Era um tipo de comentarista do cotidiano e recheava tudo com muita música e histórias do campo. Passou pelas mais importantes emissoras de rádio do país e naquele momento estava voltando para a Record, onde ficou até 2009, pouco antes de falecer.

– *O Zé Béttio é a pessoa que vai poder te ajudar* – concluiu Boldrin.

O marketing de FHC acolheu a sugestão do caipira. Mas, naquele ano, FHC perdeu a eleição com diferença de apenas 1% dos votos para Jânio Quadros. Fernando Henrique, porém, seguiu em frente. Foi eleito senador e viu a carreira deslanchar. Foi ministro da Fazenda do governo Itamar Franco, coordenou a implantação do Plano Real e se elegeu em dois mandatos seguidos para a presidência da República.

Boldrin sempre foi assim: não costuma fazer rodeios. Prefere resolver tudo na hora. Não faz o tipo "depois conversamos sobre isso". Aconteceu dessa forma com Chico Buarque de Holanda ao se recusar a fazer as peças *Roda Viva* e *Gota d'água*, por considerar que não se encaixaria nos personagens sugeridos pelo autor e por estar com outros trabalhos. Houve recusa do "cantadô" para trabalhar na novela *Pantanal*, da Rede Manchete, no papel que ficou com Claudio Marzo.

Infelizmente, o *Empório brasileiro* não conseguiu grandes audiências. Depois de um ano no ar, a direção propôs mais uma hora de programa. Nem as duas horas de duração foram suficientes para atiçar as emoções daquele que se entregava de corpo e alma aos projetos. Sem a química da motivação, pediu as contas e indicou o cantor e radialista Luiz Viera. A Band gostou da sugestão e ainda convidou o cantor Sérgio Reis para fazer dupla na apresentação. Os dois também não obtiveram bons resultados e o *Empório brasileiro* foi veiculado só por mais um ano.

Qualquer tentativa de arrebatar audiência em outro canal se tornava um suplício. A percepção era de que o telespectador tinha dificuldade em mudar de canal, não se adaptou ao horário noturno e ainda não havia percebido a mudança de apresentador do *Som Brasil*, que não era mais comandado por Boldrin. Certa vez, no saguão de um hotel em Curitiba, Rolando parou diante de um monitor para assistir à apresentação de Lima Duarte. Um fã se aproximou e disse: *"Como pode o senhor estar aqui e lá na tv ao mesmo tempo?"* O mais impressionante é que esse fato aconteceu cinco anos depois da saída do caipira da Globo.

A PUBLICIDADE E
OUTROS PROGRAMAS MUSICAIS

Os palcos novamente ganharam o cantor e contador de causos, agora mais experiente na arte de dominar o público. E o mercado publicitário aproveitou para explorar aquela imagem do senhor que representava a essência da cultura interiorana brasileira. Foram quatro anos de desapego, em nenhum momento pestanejou em voltar para frente das câmeras, uma etapa que realmente havia ficado para trás. Não havia nenhuma esperança de vir a figurar em um novo programa. O problema é que os fãs e os amigos serviam como um pesadelo. Dos incansáveis marteladores da sua volta às telas, estava o compadre Elifas Andreato. Um artista gráfico que não se conformava em ver tamanho talento desperdiçado. Mesmo sem ainda convencer o amigo, Elifas fez contato com Luciano Callegari, diretor artístico do SBT, e finalmente conseguiu convencer os dois, emissora e artista, a fazerem o programa. Em 1989, estreou o *Empório Brasil*.

Para assinar contrato com SBT, as mesmas exigências. Não haveria nenhum tipo de ingerência no programa. Nem mesmo Silvio Santos, proprietário do canal, poderia opinar sobre formato, quadros e participações de artistas. Aliás, Boldrin nunca teve grandes empatias com esse veículo de comunicação e seu dono. Ele não gostava da filosofia de trabalho do patrão e nunca esqueceu uma declaração de Silvio de que, quando um crítico elogiava um programa no SBT, ele tirava do ar porque não daria audiência.

E para piorar, o dono do Baú da Felicidade não demonstrava grandes interesses pelo *Empório Brasil* e tampouco pelo contador de causos. Além de nunca ter ido ao estúdio ou visto uma gravação, durante uma premiação da APCA a Rolando Boldrin como melhor programa e a Silvio Santos como melhor apresentador de TV, o chefão do SBT nem olhou para o lado para cumprimentar o artista do seu canal. Apesar desses desencontros, o *Empório Brasil* incomodava. Boldrin relata um boato da época de que, por causa das comparações negativas por parte do telespectador, que cobrava o *Som Brasil* original, a Globo resolveu mudar o estilo das músicas apresentadas. Em vez de canções de raiz, uma marca de Rolando Boldrin, passou a ser veiculado o chamado sertanejo romântico e universitário.

O *Empório Brasil* tinha um cenário marcante. Era de madeira branca, móveis rústicos e vários quadros antológicos do pintor de Itu, Almeida Júnior, como *O caipira picando fumo* e *O violeiro*, o que fez Silvio Santos confundir o responsável pela cenografia. Ele achava que o cenógrafo era o pintor, mas, na verdade, era Elifas Andreato. O programa exibido às terças-feiras com reprise aos domingos durou apenas um ano.

Em 1989, Rolando Boldrin foi homenageado como profissional do ano num grande evento promovido pela Globo. O curioso é que não foi pela sua atuação à frente do *Som Brasil*, mas pela sua paixão pelo país. Em um domingo, o programa jornalístico *Fantástico* veiculou uma reportagem sobre a realidade dos brasileiros que moravam no exterior, em busca de uma vida melhor. Naquela época, no Brasil, a inflação

A publicidade e outros programas musicais

Almir Sater no *Empório Brasil*, que foi ao ar no SBT em 1989.

era galopante e alcançava a cifra de 1.764% ao ano. Para contê-la, diversas medidas econômicas foram tomadas pelos governos Sarney e Collor. O último choque econômico de Sarney foi o retorno do cruzeiro como unidade monetária em substituição ao cruzado-novo. E, sob Collor, foi implantada uma ação bastante polêmica, um desrespeito ao direito constitucional de propriedade: o confisco dos depósitos bancários superiores a 50 mil cruzeiros por um prazo de 18 meses para diminuir a quantidade de moeda em circulação.

O legado deixado pela gastança de governos anteriores, principalmente do Regime Militar, consumiu o bem mais precioso de um povo: a sua autoestima. Com desemprego crescente, o carrinho de supermercado cada vez mais vazio e sem perspectiva de melhorias, as filas do consulado americano dobravam a esquina. A conquista do visto era garantia de uma vida melhor, era como ganhar na loteria. Portanto, a reportagem do *Fantástico* não era de causar estranheza. Um dos brasileiros entrevistados no exterior falou que nunca mais voltaria ao Brasil porque não tinha emprego no país, não existia oportunidade de crescimento para ninguém e nem a Justiça funcionava a ponto de impedir os altos índices de violência e corrupção. Outro entrevistado disse que nos Estados Unidos tudo era bom, o trabalhador era valorizado e que ia ficar para sempre no país do Tio Sam, sem nunca mais voltar às terras tupiniquins.

Depois de assistir à cena, Boldrin caiu em lágrimas e naquele momento percebeu que era preciso fazer algo pelo país para recuperar a autoestima do brasileiro. Uma terra maravilhosa sendo criticada, segundo ele, pela ação desequilibrada dos políticos que não sabem administrar o bem público. Decidiu, portanto, criar uma campanha que ressaltasse a capacidade e qualidade da nossa gente para ser veiculada em TV, rádio e jornal. O título teria que ser impactante e por si só trazer mensagem positiva de que viver no Brasil era um excelente negócio, mas para isso era preciso acreditar no seu potencial. Assim surgiu o "Credite no Brasil", frase com duplo sentido de dar crédito e acreditar. A ideia inicial era Boldrin gravar mensagens recitando textos de personalidades como a poetisa Cora Coralina, o poeta e cantor Vinicius de Moraes, o escritor Carlos Drummond de Andrade, entre outros. O testemunho encerraria com a frase "Credite no Brasil".

O primeiro a compartilhar o projeto foi o amigo, advogado e agente de vários artistas brasileiros Sérgio Dantino. Os dois colocaram o projeto embaixo do braço e saíram à caça de alguém para financiar a propaganda, um espaço nos veículos de comunicação não era nada barato. Só que a via-crúcis demorou a alcançar êxito. Diversas empresas foram visitadas e nenhuma topou apoiar o projeto. Mas aquele homem de alma caipira já estava calejado, e desistir era um verbo que não fazia parte do seu vocabulário. A peregrinação alcançou o Planalto Central. Quem sabe o governo do presidente José Sarney, mesmo em fim de mandato, se interessaria em criar um ambiente mais positivo no país?

A recepção da sala do ministro da Agricultura emitia uma atmosfera gélida, sem vida, típica do ambiente cinzento de Brasília com suas construções em concreto puro. A sensação de Boldrin era que o mora-

A publicidade e outros programas musicais

Campanha "Credite no Brasil", do Banco Bamerindus, veiculada em 1989. Criada por Sérgio Reis (publicitário), Tereza Souza e Walter Santos.

dor da capital do país não tinha o hábito de se sociabilizar. Numa cidade sem esquinas e passeios, o afastamento dos edifícios e monumentos tinha como reflexo o distanciamento das pessoas. A percepção do caipira de coração gigante parecia mais uma premonição. O ministro Iris Rezende era seu fã, ficou muito grato pelo encontro, ouviu a apresentação do projeto, mas ao final disse que não podia prometer nada, o que para um bom entendedor significava: não estava interessado.

Boldrin saiu da sala do ministro chateado, mas não derrotado. Não demorou muito para ter um novo *insight*. Quem gostaria que o povo acreditasse no Brasil? Quem precisaria conquistar a confiança de que valia a pena investir aqui? A resposta: os bancos. Se a população ficar confiante, vai investir mais e gastar mais. Ele se lembrou, então, de outro grande amigo, o publicitário Oscar Colucci. Por sorte, o maior cliente da agência de Colucci era o banco Bamerindus, um dos maiores do país e que tinha como *slogan* "O banco da nossa terra". A diretoria do Bamerindus ficou encantada com a campanha e topou fazê-la um pouco menor, porém, com a mesma ideia. Foram produzidos cinco filmes, de um minuto cada, para empresários, estudantes, operários e imigrantes, atingindo vários setores e camadas da população.

O rosto enquadrado, olhar fixo para a câmera, estúdio com pouca luz, uma cena intimista, como uma conversa olho no olho... Boldrin começa a falar com semblante fechado, com certo desânimo. Aos poucos, à medida que o texto avançava, a expressão melhora e o otimismo toma conta da interpretação e do texto:

> *Tão dizendo por aí que o país tá de mal a pior. Que tá a beira do abismo! É corrupção, violência. E não adianta fazer mais nada, que o jeito é ir embora do Brasil, daqui, ir embora. E o Brasil acabou. Como é que é? O Brasil acabou? Como é que o Brasil acabou se o Brasil somos nós? Você, eu. Em cada lugar, em cada canto desse país, tem alguém que não se deixa derrotar fazendo alguma coisa consciente. Criando um Brasil digno, um Brasil que prospera, que trabalha. E cria soluções honradas e é no dia a dia da nossa vida que a gente faz esse outro Brasil que eu estou falando. Brasileiro, o Brasil somos nós. Credite no Brasil.*

Além de TV, a campanha teve desdobramentos em rádio, *outdoors*, revistas e jornais e ganhou os prêmios "Profissionais do ano" e "Jeca Tatu", este último voltado a profissionais de criação que utilizam a linguagem brasileira na propaganda, conservando as raízes e os valores da cultura do país.

O fim da década de 1980 parecia interminável para Boldrin. E por que não viajar esse mundão de Deus mostrando o que há de melhor na música de raiz brasileira? Certo senhor do Brasil fazendo história em terras estrangeiras. O primeiro show foi em Nova York, patrocinado pela companhia aérea American Airlines. E justamente os brasileiros, que foram em busca de oportunidades em solo americano é que lotaram os espetáculos. Era uma forma de reencontrar o passado e matar saudade da sua origem. Gente de todas as idades cantando com a esperança. Com os olhos avermelhados, acompanhavam os causos, as músicas marcantes de um dos brasileiros mais otimistas do país.

Depois de Nova York foi a vez de Boston ser presenteada com duas apresentações. O local escolhido foi um clube. Mais de 1.500 pessoas em coro relembraram os grandes sucessos de Rolando Boldrin. Os dois dias foram mágicos e não tinha espaço para mais nenhuma alma viva. O encerramento da *tour* internacional foi em Nova Jersey, a movimentada cidade americana. O resultado foi uma quantidade de gente apinhada para conferir a musicalidade do interior da terra natal.

Um ciclo se foi. Depois dos shows nos Estados Unidos, férias bem distantes, do outro lado do planeta. Quinze dias de descanso no Japão para refletir sobre o passado e repensar a trajetória vindoura. No balanço curricular, uma certeza: televisão nunca mais! Será mesmo?

Essa nova tentativa de se afastar dos estúdios de TV durou quase cinco anos. Globo, Band, SBT... Haveria algum outro desafio televisivo? Sim, ocorreu ainda uma espécie de ensaio, uma breve e insignificante passagem pelo canal CNT, antiga Rede OM, que teve 49% de seu total vendidos para o dono do banco Bamerindus (que faliria em 1996 por problemas financeiros e administrativos), José Eduardo de Andrade Vieira, fã incondicional do caipira. Os dois primeiros contratados pela nova gestão do veículo foram a jornalista Marília Gabriela e Rolando Boldrin. Era o ano de 1995.

A sede da TV ficava em Curitiba. E toda semana a equipe viajava ao Paraná para gravar o *Estação Brasil*, o novo programa que simulava uma estação de rádio. A emissora tinha pouca abrangência e a transmissão ficava restrita a algumas cidades. Em São Paulo, por exemplo, o *Estação Brasil* era veiculado pela parceira TV Gazeta aos domingos, às 21h. O período noturno era o que mais agradava a Boldrin, permitindo uma ampliação de público. Somaram-se ao sempre cativo telespectador do interior e aos de idade avançada muitos estudantes que passaram a ver o *Estação Brasil* no novo horário. Além da boa música de raiz, o programa contava com receitas de culinárias, causos e muito humor. O cenário foi concebido pelo cenógrafo Zé de Anchieta por determinação de Boldrin. Com baixas audiência e repercussão, o programa quase não completou um ano de vida.

191

SR. BRASIL

Aos poucos, Boldrin foi se recolhendo no lar, deixando-se levar pela falta de estímulo, já que não havia nada que fizesse a sua pele arrepiar. Prometera a si mesmo na juventude que nunca deixaria se abater pelo cansaço dos anos e tampouco pelos obstáculos da vida. Homem não chora, e também não se esmorece. Em sua terra natal, São Joaquim da Barra, era comum a geração de idade avançada encher as praças com seus tabuleiros de dama. O visual era bucólico, bom para um registro de cartão-postal, mas não para um "artilheiro" dos palcos brasileiros. Seria esse o futuro reservado para o "rei" dos causos?

O lar agora era uma casa espaçosa no condomínio de casas chamado Fazendinha na Granja Viana, em Cotia, região cercada por muito verde na grande São Paulo. O local era de um silêncio sepulcral que chegava a incomodar aos viciados, como Boldrin, na frenética rotina das atividades artísticas de shows, palcos, novelas... Um lugar onde o despertar era natural e o galo no terreiro é quem comandava o horário. Aos poucos, a rotina foi ficando monótona. A companheira, a cantora Lurdinha, havia abandonado os estúdios de áudio e palcos. As agulhas de tear nas mãos pespontavam o novo caminho. Os dois seguiam apáticos no sofá vendo a vida espairecer diante da tela de TV. Agora não mais como agentes, mas como espectadores intercalando novelas, programas de musica, filmes... Onde andava aquele guerreiro desbravador de versos e prosas? Nem ele mesmo sabia, e então começou a questionar tal apatia.

Esse conformismo não era por falta de propostas. A cada ausência na telinha, uma infinidade de convites, e um deles se tornou rotina. O dramaturgo, escritor e autor de telenovelas Benedito Ruy Barbosa ofertava com frequência papéis em importantes novelas. Umas delas foi a *Rei do Gado*, exibida no horário nobre da Globo, 20h, entre junho de 1996 e fevereiro de 1997. A telenovela foi um sucesso avassalador e o caipira negou o papel principal, de Bruno Mezenga, um dos maiores produtores de gado do país conhecido como Rei do Gado, interpretado por Antônio Fagundes. Por que Boldrin rejeitou importante papel? A resposta estava sempre na ponta da língua: *"Porque não queria e pronto."* Ele estava irredutível, achava que sua contribuição como artista havia se findado. Um sessentão entregue ao ostracismo. A pergunta que os amigos faziam era: por quanto tempo?

Não tardou muito para a inquietação abater os brios até do casamento. Algo não se encontrava no lugar. Parecia que o lado profissional e a vida amorosa estavam atrelados, eram interdependentes; um não sobreviveria sem o outro. A convivência com Lurdinha começou a apresentar desgastes. Seria pelos 45 anos de relacionamento ou pela falta de desafios e monótona rotina? O fato é que a separação foi inevitável.

Em junho de 2004, tomava posse como presidente da Fundação Padre Anchieta, a controladora da TV Cultura, o ex-secretário de Cultura do estado de São Paulo Marcos Mendonça, admirador de Boldrin. Marcos era daqueles que não aceitavam a ausência desse talento caipira no mercado televisivo e ainda queria ampliar a programação da emissora com conteúdos que realmente divulgassem a cultura do país. E justamente no início de sua gestão que Boldrin foi até a sede da Fundação, no bairro Água Branca em São Paulo, para dar entrevista à Rádio Cultura, que integrava o grupo de comunicação. No pátio da emissora, esbarrou com Helton Altman, coordenador do núcleo de Música Popular da Cultura, e foi incitado a encontrar com Marcos Mendonça, que o aguardava em sua sala.

A conversa foi longa. Marcos tem o hábito de florear, de chegar ao objetivo de forma serena e sem pressa. Também bom de prosa, foi acalentando aquele caipira de fama intempestiva (quando alguém contrariava os seus desejos), mesmo sabendo que a televisão estava fora dos seus planos. Por isso, Mendonça tinha que ser assertivo no convencimento. Fez o que se chama em jornalismo de "nariz de cera", ou seja, uma longa introdução com assuntos periféricos. Divagaram sobre a vida, sobre política, relembraram companheiros em comum, discutiram sobre música e finalmente falaram sobre a ideia de um programa na Cultura.

– *Boldrin, estou de presidente aqui e você tem que colocar seu programa na Cultura.*
– *Não, Marcos, quero distância da TV. Acho que já dei minha contribuição.*

Horas e horas de diálogo e nenhuma conclusão. Foram precisos outros encontros até que chegaram a uma concordância. Após discutirem os termos do contrato e o formato do programa, veio a melhor e mais difícil parte: a escolha do nome. Mendonça queria que seus diretores dessem sugestões para que se pudesse pinçar de uma lista um grande nome. Como nenhum agradou, restou ao caipira extrair o título de um de seus poemas. Foi aí que surgiu o *Sr. Brasil*.

> *Minha terra é uma grande pessoa.*
> *Meu país é a criança pura, boa e inocente.*
> *É também o sofrido adolescente, ou então o jovem combativo e sonhador.*
> *E agora em tempo novo, redivivo eis que meu país se prepara em tom definitivo*
> *Para ser tratado de senhor, Sr. Brasil.*

Depois de dez anos de afastamento, Boldrin estava de volta ao show do entretenimento televisivo. E dessa vez para nunca mais sair...

A primeira reunião com a produção do *Sr. Brasil* trataria do cenário, algo que sempre necessita de muito planejamento por envolver iluminação, acústica, disposição de ornamentos e espaço para grupos com maior número de artistas. A cenógrafa Patrícia Maia já tinha um projeto pronto, elaborado em parceria com o próprio Boldrin. Para aquela reunião, ela, inclusive, levou uma maquete com a concepção daquilo que vemos hoje no ar na TV Cultura.

Na mesa do encontro, além dos diretores da área artística e de programação, estava um cenógrafo chamado especialmente para a ocasião. Na conversa entre o joaquinzense e o cenógrafo, percebeu-se que algo não iria dar certo. E o motivo foi um linguajar cheio de estrangeirismo, o que o sr. Brasil simplesmente abomina.

O cenógrafo ouviu as explicações sobre a proposta de cenário feita por Patrícia e tentou impor outro caminho:

– *Eu te vejo, Boldrin, num cenário small.*
– *Ah, como?*
– *É isso mesmo, um cenário mais clean e small.*
– *Peraí, como que é essa coisa?*
– *Boldrin, você tá me entendendo, não tá?*
– *Tô não. Que é isso que você falou?*
– *Um cenário menor, com menos penduricalhos.*
– *Tudo bem. Então você fale menor, pequeno. Num venha com esse negócio de small.*

As palavras estrangeiras no vocabulário do dia a dia sempre incomodaram o caipira. Uma vez lhe perguntaram: "*Quanto você cobra por um pocket show?*". E ele respondeu que não cobrava nada porque não sabia do que se tratava.

O resultado da reunião foi a manutenção do projeto desenhado por Patrícia, um cenário que nos remete a cada semana a um lugar onde a diversidade cultural tem abrigo.

Na TV Cultura, o programa ganhou ares de peça teatral. Uma cortina foi adotada nas aberturas para dar um clima de início de espetáculo. A experiência dramatúrgica acumulada pelo seu apresentador ao longo da carreira artística serviu de fonte para avançar nas experimentações. A Cultura, por ser uma emissora pública, se preocupa menos com o Ibope e mais com a qualidade, dando espaço à ousadia e ao empirismo em seus conteúdos. Boldrin queria que os músicos e cantores que se apresentassem no *Sr. Brasil* se sentissem em uma opereta. Portanto, teriam que estar livres para caminhar pelo palco. E nada de cabos plugados e pedestais de microfone espalhados no ambiente. Desafio para técnicos e diretor de cena, cujas competências eram sempre reconhecidas e elogiadas pelo caipira.

O *Sr. Brasil* seguia o mesmo formato dos seus programas anteriores, *Som Brasil, Empório brasileiro, Empório Brasil* e *Estação Brasil*, e com a característica de sempre, sem roteiro, ou melhor, só o caipira sabia dos passos a seguir. Nenhuma edição era igual à outra. O programa de estreia destacou um dos instrumentos musicais mais característicos da vida do campo, da boemia e das serestas: o violão. A cortina se abre e ele é revelado abandonado, solitário, sobre uma cadeira de madeira no centro do palco. Boldrin, então, entra em cena antes de acalentá-lo em seus braços, recita um poema que retrata a vida de um sertanejo que foi tentar a sorte na cidade grande, mas com o tempo, diante de intenso sofrimento, decide voltar para a terra natal, onde teria pão e mais amor:

"Um dia, levantando poeira, deixei meu velho chão lá nas ribeira, e parti em direção do povo./Minha gente na porta do ranchinho abanava para mim e eu ia sozinho, agora, a fim de descobrir um mundo novo./Vinha eu cheio de sonhos./Eu tinha planejado vender meu cavalinho alazão, morar na capital, virar um cidadão, juntar algum dinheiro e recomeçar..." Seguem os aplausos e Boldrin finalmente pega o violão e canta "Eu, a viola e Deus".

Essa é a abertura do primeiro *Sr. Brasil* na TV Cultura. A edição segue nessa toada. O teatro Sesc Pompeia, em São Paulo, onde até hoje ocorrem as gravações, estava apinhado de gente excitada para ver como seria a nova fase televisiva do mestre dos causos. Vários músicos se apresentaram. César Brunetti cantou "Paraguai", uma sátira sobre o contrabando entre Brasil e o país vizinho, e arrancou gargalhadas da plateia. Teve ainda o grupo vocal Canto 4, que acompanhou o apresentador na canção "Não manche o meu Panamá", de Alcebíades Nogueira. Em seguida, uma breve conversa com Renato Teixeira. O músico contou que em todos os shows que faz, as pessoas sempre pedem para que cante "Chico mineiro", e ele acaba realizando o desejo. Boldrin disse que ocorria o mesmo em seus espetáculos, mas que não se entregava aos desejos da plateia. No entanto, naquela estreia foi diferente, e os dois entoaram a famosa música de Tonico e Francisco Ribeiro:

> *Fizemos a última viagem.*
> *Foi lá pro sertão de Goiás.*
> *Fui eu, o Chico Mineiro.*
> *Também foi o capataz.*
> *Viajamos muitos dias,*
> *para chegar em Ouro Fino.*
> *Aonde passemos a noite.*
> *Numa festa do Divino...*

No terceiro bloco, depois da vinheta de abertura, Boldrin narra a história do repentista Ronaldo da Cunha Lima, que foi chamado para defender uma nobre causa: libertar um violão que a polícia tinha prendido de um boêmio durante a madrugada. Para isso, precisava convencer o juiz sobre a soltura do violão. O magistrado, para dificultar, exigiu uma petição em verso. Foi aí que surgiu o "Habeas Pinho", uma bela homenagem ao instrumento musical:

> *Um instrumento do crime que se arrola nesse processo de contravenção não é faca, doutor, nem revolver, nem pistola, é simplesmente, doutor, um violão. Um violão que em verdade não matou nem feriu um cidadão. Feriu, sim, a sensibilidade de quem o viu vibrar na solidão. O violão é sempre uma ternura, um instrumento de amor e de saudade. Um crime a ele nunca se mistura, não existe entre ambos afinidade. O vilão é próprio dos cantores, dos menestréis de alma enternecida que cantam as mágoas, que povoam a vida que sufocam as suas próprias dores. O violão é música e é canção, é sentimento, é vida, é alegria, pureza, é néctar que extasia. É a dor espiritual do coração. Seu viver como o nosso é transitório, mas seu destino não: se perpetua. Ele nasceu para cantar na rua e não para ser arquivo de cartório. Mande soltá-lo pelo amor da noite, que se sente vazia em suas horas. Para que volte a sentir o terno açoite das suas cordas leves e sonoras. Lembre, o violão, doutor juiz, em nome da justiça e do direito, é crime por ventura um infeliz cantar as mágoas que enchem o peito? Será crime, afinal será pecado? Será delito tão vis horrores perambular na rua o desgraçado derramando na praça suas dores? E o apelo que lhe dirigimos, na certeza de seu acolhimento juntada desta aos autos, nós pedimos e pedimos também deferimento.*
> *— Para que eu não carregue remorsos no coração que entregue ao seu dono, o violão.*

O programa teve ainda vários causos e cantores, como Fátima Guedes e a dupla paranaense Allison e Roberto de Cascavel. De Minas Gerais, veio Paulinho Pedra Azul, que executou "Cantar", de Godofredo Guedes. E para finalizar, o irreverente Tom Zé, o único a apresentar duas músicas. Antes de cantarolarem juntos a "Moda do fim do mundo", Boldrin narrou um causo de um macaquinho que se tornou o único sobrevivente do mundo. O animal, então, decidiu recomeçar o planeta do jeito dele: cheio de paz e de tranquilidade. Eis que de repente, o macaquinho avista ao longe um vulto. E quando a imagem se aproxima, ele vê que é uma macaquinha. O macaco, então, diz: *"vai começar tudo de novo..."*.

O causo levou a plateia ao delírio. Mas quem conseguiu mesmo arrancar as melhores risadas foi Tom Zé, ao esquecer, a todo tempo, a letra da música que cantou com Boldrin. E a "Moda do fim do mundo" consagrou o início do *Sr. Brasil*.

Começo de século e recomeço de uma nova vida. O ambiente profissional estava nos trilhos; e o que se podia dizer sobre o lado amoroso? Para compensar a relação com a esposa, que não estava indo bem, Boldrin se entregou a um projeto para ajudar crianças carentes na Associação de Assistência que levava seu nome. Lá trabalhava ao lado da assistente Patrícia Maia, uma amiga de sua filha, que também figurava entre os funcionários da Associação. Com quase 30 anos a menos, Patrícia foi estabelecendo laços mais fortes. Os dois sempre mantiveram uma relação profissional harmoniosa, mas com certo distanciamento. No entanto, começaram a trabalhar mais intensamente. Boldrin montou um escritório e convidou Patrícia para um novo projeto, a coletânea de oito CDs *Vamos tirar o Brasil da gaveta,* com os grandes sucessos do filho de São Joaquim da Barra. O trabalho aproximou o casal.

A discrição do caipira às vezes se confunde com timidez. O que ele não tem nos palcos esbanja na vida pessoal. Boldrin queria expressar seu sentimento para Patrícia, mas não sabia como. Para os amantes à moda antiga, o que não é apenas um mito musical, a saída sempre são as flores. E todos os dias, quando chegava ao escritório, ele deixava uma rosa colombiana vermelha, imponente, sobre a mesa de trabalho de Patrícia. Aquele gesto começou a encucar a moça. A salvação foi uma amiga e vizinha na Granja Viana, em Cotia:

– *Patrícia, esse homem está mostrando que tem interesse por você.*
– *Não é possível, ele é muito sério e desconfiado.*
– *Santa ingenuidade, Patrícia. Uma rosa vermelha é a maior demonstração de paixão e amor.*

Pronto, as consequências já se sabe. Os dois resolveram juntar os panos e começar uma história de encantamento.

Em 22 de dezembro de 2008, numa cerimônia que reuniu amigos e familiares no restaurante Canto, lá mesmo em Cotia, Patrícia e Boldrin trocaram alianças. Para dar sorte às solteiras e manter a tradição casamenteira, ela escreveu na barra do vestido branco de renda o nome de todas as amigas. O casamento teve ares de espetáculo: o noivo declamou os poemas de Luiz Vieira "A paz do meu amor" e " Menino passarinho" ao som das trilhas sonoras de Ennio Morricone, do filme *Cinema Paradiso*, e da música de Vinicius de Morais e Tom Jobim "Por toda minha vida", na voz de Lula Barbosa. A produção musical do evento foi do noivo, mas a decoração e o receptivo foram feitos pela noiva. Para singularizar a data, ao final da festa os convidados receberam de brinde mudas de plantas e sandálias Havaianas com o nome dos dois.

Patrícia trouxe não só novo ânimo à vida amorosa de Boldrin, como também um diferencial ao *Sr. Brasil*. Ela se transformou em produtora executiva e cenógrafa e teve a ideia de usar como cenário obras de artistas talentosos, mas desconhecidos. Começou a vasculhar o país em busca de preciosidades. Todos os objetos cenográficos do programa vêm de doações.

Num canto do palco está uma leiteira coberta por mosaicos que formam a bandeira do Brasil. No outro lado, sobre uma mesinha, *sousplats* coloridos; ao fundo, uma rede amarela, sobre a qual muitos gostariam de se espreguiçar. No chão, em destaque, um sapo de boca aberta e pronto para dar um salto. A leiteira em mosaico foi feita pelo artesão Ary de Souza, da cidade de Guapirama, no Paraná. Ele usou casca de ovo de avestruz, azulejo e rejunte. Os *sousplats* foram confeccionados pela Associação dos Artesãos do Bairro São Vicente, em Parnaíba, no Piauí. O grupo usa palha de carnaúba e faz tudo à mão. A rede é resultado do Projeto Terra, que reúne artistas de Caraibeiras (PE), Campo Grande (MS), Campina Grande (PB) e São Paulo. Tem em sua composição linho de algodão, penduricalhos de argila e sinos de metal.

Rolando Boldrin e Patrícia Maia trocam suas alianças no casamento em Cotia (SP), no dia 22 de dezembro de 2008.

Patrícia criou ainda um site para anunciar esses trabalhadores, sejam individuais ou em cooperativas, que vivem de fazer arte, usando recursos naturais. O mapeamento foi necessário porque, a partir do *Sr. Brasil*, começaram a chegar peças de todas as regiões do país. Tudo passou a ser fotografado e catalogado. Os dados do artista, projeto ou cooperativa ficam expostos no site para que os interessados possam fazer encomendas diretamente com o autor da obra, sem intermediários. De vez em quando, Boldrin fala das peças expostas no cenário, mais um item cultural dentro do enfoque do programa de valorizar o artista brasileiro.

A iniciativa ultrapassou os limites cênicos das apresentações. Muitos expositores mudaram suas vidas depois de exibir os trabalhos no

Cenário com a exposição de artesanato
brasileiro e madeira certificada.

palco do *Sr. Brasil*. Uma história marcante é a de Cleide de Fátima Toledo. Ela é a artesã dos sapos de palha de taboa, planta perene e herbácea presente em abundância em regiões de várzeas pantanosas e áreas úmidas. O sapo se destacou tanto que Cleide ultrapassou fronteiras recebendo encomendas de peças de mobiliário para a Faculdade de Arquitetura e Design de Florença, Itália. Até então, a arte dela se restringia a uma produção caseira de poucos fregueses e objetos. O ofício foi aprendido com o marido. Após a morte dele em 2006, a viúva ficou responsável pelo sustento da família e se viu obrigada a ampliar a veia criativa e o negócio, desenvolvendo outros modelos, como vasos, cachepôs, peças de mobiliário e vestimentas. Mas o que chamou mesmo a atenção do mundo foi o sapo trançado.

A ousadia em criar um cenário com obras e materiais originários da habilidade manual rendeu premiação inusitada ao *Sr. Brasil*, tornando o primeiro programa de televisão do mundo a receber um certificado ambiental internacional. O selo foi dado pela Forest Stewardship Council

(FSC), conselho de manejo florestal, uma organização internacional sem fins lucrativos criada para proteger as florestas do mundo, evitando a exploração predatória. Para receber a certificação é preciso observar algumas regras de extração de madeira. E uma das madeiras utilizadas no cenário foi o compensado de sumaúma, proveniente da floresta Amazônica. As peças foram extraídas de locais onde se pratica o bom manejo florestal, gerando benefícios sociais à população local e conservação da biodiversidade. A auditoria foi feita pelo Instituto de Manejo e Certificação Florestal e Agrícola (Imaflora).

No *Sr. Brasil* do dia 5 de abril de 2013, Boldrin destacou a satisfação em obter esse tipo reconhecimento: *"A preocupação com o meio ambiente é mundial e sermos pioneiros neste importante projeto é uma honra. Me emociono ao lembrar que cantadores há muitos anos denunciam a destruição das florestas".*

Para Patrícia Maia, a casa finalmente estava arrumada para agregar valores socioambientais e culturais ao projeto de divulgação dos artesãos brasileiros e suas obras.

Um fato relacionado à organização do cenário, sempre lembrado por Boldrin, aconteceu justamente na segunda edição do programa na TV Cultura, em julho de 2005. Ele recebeu no palco um trio de Franco da Rocha (SP), formado por Ranulpho (cantor e compositor), Celso dos Santos (flautista) e Mario Pacanaro (sanfoneiro). Ranulpho cantaria a música "Do joio e do trigo" e Boldrin queria ambientar com uma imagem de Nossa Senhora Aparecida, tema central da canção. Não havia a imagem entre os poucos artesanatos disponíveis até então. No intervalo da gravação, aconteceu uma daquelas coincidências que chegam a assustar até os mais místicos. Boldrin recebeu um pacote e, ao abri-lo, confessa que ficou arrepiado. Era uma Nossa Senhora feita de material reciclável. A cena foi regravada e Ranulpho cantou olhando para a imagem da santa.

Senhora Aparecida
Eu vim pela última vez
Trazer a minha viola que chora
Perguntar por que o destino invés do tino gira ao revés?

O efeito plástico-teatral impressiona e emociona o público, que se identifica com o espetáculo no momento em que também se sente representado por ele. A cada programa, o acervo é exposto de acordo com as músicas programadas, revelando a cidade e o estado dos artistas convidados, e também relacionando com os poemas e causos escolhidos por Boldrin na gravação. É algo praticamente inédito na TV mundial, um espaço de visibilidade para o artesanato brasileiro que respeita os procedimentos sustentáveis ao longo de todas as etapas do trabalho artesanal. De um lado, o artesão, valorizado em seu potencial econômico, sua capacidade de gerar renda; do outro, a valorização da cultura por meio da preservação da identidade regional, da memória e do saber espontâneos partilhados por um grupo social.

Essencial, único e o melhor. É assim que muitos definem o *Sr. Brasil*. E na gravação em comemoração ao aniversário de uma década, em 20 de julho de 2015, na Sala São Paulo, na capital paulista, lá estavam alguns desses admiradores incondicionais. Passaram pelo palco no registro de eternização do programa Mônica Salmaso e o grupo Pau Brasil, Vital Farias, Saulo Laranjeira, Luís Carlos Borges, Arismar do Espírito Santo e Jane Duboc, Casuarina, Luca Bulgarini e o Quinteto Violado, entre outros músicos. Na abertura do evento, o presidente da TV Cultura, Marcos Mendonça, contou como foi difícil convencer Rolando Boldrin a fazer o programa na emissora. *"Ele estava lá curtindo a vida dele, não aceitou o convite no início. Foi uma briga inglória, e, no fim, felizmente, consegui vencer e dobrar o Boldrin para trazê-lo de volta à televisão. Nestes dez anos, ele tem preenchido a sala de visita das pessoas com alegria, músicas, histórias e causos fantásticos que são a cara da brasilidade"*. Mendonça concluiu elogiando também a cenógrafa Patrícia Boldrin por prestigiar os artesãos brasileiros na montagem do cenário e pelo bom gosto.

E se é para comemorar os dez anos, porque não apresentar o que sabe fazer de melhor: cantar, declamar, contar causos... Mas antes era preciso agradecer as pessoas que tornam o sonho possível. Boldrin, com seu carisma, ressaltou a dedicação e o profissionalismo das 120 pessoas que se envolvem no programa: *"Os técnicos de som e os demais profissionais têm sempre a melhor boa vontade de fazer um trabalho bem feito e apurado"*. Em seguida, o cumprimento foi estendido aos cantadores e

Convidados no *Sr. Brasil*: Renato Teixeira (1), Almir Sater (2), Billy Blanco (3) e Caju e Castanha (dupla lançada no *Som Brasil*, da TV Globo).

artistas: *"Eles são a matéria-prima deste programa que, ao longo desses dez anos, são verdadeiramente aqueles que fazem nossa história".*

Os fãs também tiveram um lugar especial na noite de gala. A plateia trazia uma pequena amostra do que é a legião de seguidores do caipira de alma gigante. Várias gerações estavam presentes e aplaudiram com louvor cada momento da gravação. Afinal, era um recorde de permanência em um canal de televisão (até então, o máximo havia sido os três anos de *Som Brasil* na Globo). O *Sr. Brasil* destacou ainda artistas do passado como Elis Regina, Noel Rosa, Catulo da Paixão Cearense e Patativa do Assaré. Um programa para ficar para a história.

O avançar da idade do artista de São Joaquim da Barra só se percebe nas inevitáveis rugas de expressão. Porque de resto, a vitalidade e disposição de Boldrin podem ser sentidas em um miúdo de prosa. A impressão é que ele sempre está criando o novo, se reinventando para se adequar às aspirações do seu público, aos avanços tecnológicos e à evolução da programação de TV. A maturidade do tempo tem trazido excelência ao *Sr. Brasil*. O primor na produção, o equilíbrio entre entrevista, cantoria e causos dão o ritmo certo. Tudo recebe uma dedicação singular, uma precisão cirúrgica. Não é por acaso que o programa registrou, ao longo de 2016, as maiores audiências de fim de semana da emissora. TV Cultura e *Sr. Brasil* são como queijo com goiabada: se complementam, se misturam, trazem o sabor adequado para quem está à frente da tela aos domingos às 10h da manhã.

Não há como não se inspirar nele! A sensibilidade do ator, a essência do caipira, a originalidade do apresentador, a alma musical de raiz... Ao longo da carreira, muitos prêmios, elogios e também títulos. Alguns surpreenderam.

Em 2010, decidiram que era hora de apresentar a obra desse inusitado artista em canto e festa. Rolando Boldrin virou personagem do carnaval ao inspirar o samba enredo da Pérola Negra, escola do bairro da Vila Madalena, reduto da badalação paulistana e ponto de concentração de blocos nos dias de folia. Com o tema "Vamos tirar o Brasil da gaveta", projeto ambicioso de Boldrin representado em uma caixa com oito CDs, o carnavalesco André Machado contou a vida do matuto desde

A equipe do *Sr. Brasil* (TV Cultura).

a duplinha Boy e Formiga até a conquista da cidade grande. Quase um ano antes do desfile, um telefonema do presidente da Pérola, Edilson Carlos Casal, deixou o artista com a pulga atrás da orelha. *"Como assim, tema de escola de samba? Eu faço um programa com todos os tipos de música, desde que seja de qualidade. Não acho que sou a pessoa adequada para esse tipo de festa."*

Edilson Casal insistiu e Boldrin aceitou participar de uma reunião na sede da escola. Na companhia da esposa Patrícia, ele conheceu a história da agremiação criada em 1973, uma das mais tradicionais do samba paulistano e ouviu detalhes a respeito do enredo, que falaria dos principais ritmos do país misturados ao folclore e à fauna brasileira. Boldrin lembra que foi tomado por uma emoção ao ver a dedicação daqueles carnavalescos, empenho voluntário, varando a noite para tentar alcançar a consagração em apenas uma hora de desfile. Com os olhos marejados, ele aceitou participar daquela jornada de criação e prometeu estourar os pulmões de tanto cantar no sambódromo.

São Paulo sempre foi uma cidade que pregou peças em seus moradores e naquele ano não seria diferente. Em dezembro de 2009, chuvas torrenciais provocavam enchentes em várias partes da região metropolitana. O Ceasa, maior entreposto de frutas, verduras e legumes da América do Sul, na zona oeste da capital, amanheceu completamente inundado. Tudo perdido. Toneladas de alimentos jogados fora. Ali perto, sob o viaduto Mofarrej, o barracão da Pérola Negra também exibia as consequências do alagamento. Alegorias boiavam na água represada, fantasias desapareceram levadas pela enxurrada, a maior parte dos ornamentos estava danificada. Uma cena tão triste de se ver que não sai da memória do joaquinzense. *"As pessoas não se conformavam de ver tudo destruído. Muitos choraram. Mas na mesma hora arregaçaram as mangas e começaram outra vez."*

Boldrin também foi à luta. *"Saí em busca de patrocínio. Não porque eu era o tema da escola. Era o mínimo que eu podia fazer em retribuição àquela gente que sonhava com um desfile grandioso. Esse povo de escola de samba é um povo guerreiro."*

Correndo contra o tempo, a Pérola Negra impôs um ritmo ainda mais intenso aos carnavalescos. Tudo foi se ajeitando, até que em 21 de janeiro de 2010, pouco mais de um mês depois da enchente, o estado de São Paulo enfrentou uma das piores tempestades da história. Em poucas horas, choveu o equivalente ao volume aguardado para o mês inteiro. Novamente, o barracão sob o viaduto foi varrido pela correnteza. Vários bairros foram inundados. Árvores caíram e faltou energia. No mesmo dia, o município de São Luiz do Paraitinga, a 170 quilômetros da capital, ficou praticamente destruído. Conhecido pelos desfiles carnavalescos, sempre ao som de marchinhas, São Luiz do Paraitinga não pôde receber os turistas naquele ano. Nada menos que trezentos casarões coloniais da cidade histórica ficaram danificados e a igreja matriz, erguida há dois séculos, veio abaixo. Duas pessoas morreram e três mil moradores foram para abrigos improvisados.

Na Pérola Negra, a segunda enchente também fez muitos estragos. Algumas alegorias, com até cinco metros de altura, foram parar do

Sr. Brasil

Carro alegórico Senhor Brasil durante o desfile da Pérola Negra em 2010, no Sambódromo de São Paulo.

lado de fora do barracão. Por sorte, a maioria dos carros alegóricos já estava guardada na concentração do Sambódromo do Anhembi, numa área não afetada pelo transbordamento do rio Tietê.

No dia 13 de fevereiro, a Pérola Negra entrou na avenida às 5 horas da manhã. Antes, porém, os componentes tiveram bastante trabalho para se posicionar. A Gaviões da Fiel, a escola que antecedeu a Pérola, havia levado como destaque o atacante Ronaldo Nazário, então camisa 10 do Corinthians, e, por causa da presença do jogador, houve uma invasão de torcedores na concentração; seguranças do time não arredaram pé enquanto o desfile não terminasse.

Patrícia Boldrin estava cuidando dos convidados, cantores, atores, compositores, de várias partes do país, que vieram especialmente para prestar homenagens ao Sr. Brasil. Houve um momento em que ela pensou que seria impossível distribuir o grupo entre as alas, tamanha a confusão que se formou com a invasão naquele setor de embarque do desfile.

Mesmo com os ventos soprando contra, lá foram eles. Nada menos que 2.800 componentes espalhados em 22 alas soltaram a voz no enredo trabalhado pelos compositores Carlinhos, Mydras Schmidt, Bola, Michel e Regianno. A comissão de frente trouxe canários-da-terra e manteve a visibilidade da fauna tupiniquim ao longo da avenida. Houve homenagens a São Joaquim da Barra, às metrópoles, aos sambistas, ao canto caipira, até chegar à bossa nova. As violas se misturaram aos tambores e afoxés, aos pássaros, aos artesãos e ao homem do campo. O intérprete Douglinhas convidou o público a cantar:

> *Linda colcha de retalhos colorida*
> *Joia rara é a cultura nacional*
> *De um povo festeiro, de sangue guerreiro e original*
> *Bandeira a tremular, mareja meu olhar*
> *Repleto de paixão sou filho desse chão*
> *Sentimento popular, salve a seleção*
> *No morro, no asfalto ou na favela*
> *São cenas da minha vida nessa tela*
> *Bom dia, Brasil, é Carnaval*
> *"Rolando" num domingo especial*
>
> *O céu clareou, a vila chegou*
> *Pérola Negra me abraçou*

Ah, sou brasileiro com orgulho e muito amor
Abro a gaveta e vou mostrar o meu valor.

No chão e nos carros alegóricos estavam o capista Elifas Andreato, o cineasta João Batista de Andrade, as atrizes Laura Cardoso e Vida Alves, o jornalista Goulart de Andrade, o sambista Germano Mathias, as cantoras Alaíde Costa e Tetê Spindola; e os cantadores Mariana Moraes, Renato Braz, Chico Maranhão, Consuelo de Paula, Maurício Pereira, Jean Garfunkel, Décio Marques, Zé Renato; e a ginasta Daiane dos Santos, entre outros.

O carro alegórico "Cidade Grande" também foi chamado de colcha de retalhos, porque foi decorado com tecidos que sobraram das enchentes. A bateria prestou homenagem a Vitalino Pereira dos Santos, o mestre Vitalino, artesão pernambucano falecido em 1963, e que conquistou com sua arte em cerâmica admiradores no Brasil e no exterior. Boldrin surgiu no alto da última alegoria, o carro "Senhor Brasil", dançando com os braços abertos, vestindo um terno branco bem ao estilo dos bambas. O carro trazia um boneco gigante de oito metros do matuto segurando a inseparável viola.

O samba-enredo "Vamos tirar o Brasil da gaveta" foi eleito o melhor daquele ano e recebeu o prêmio Estandarte de Ouro entregue pelo jornal *O Globo*. Ao final do desfile, a sambista e comentarista Leci Brandão estava aos prantos. Disse que estava emocionada por encerrar aquele dia de transmissão de Carnaval ouvindo o que considerava uma das melhores composições da folia paulista, uma homenagem justa ao defensor da arte dos conterrâneos, e declarou que era chegada a hora de tirar o Brasil da gaveta.

Com problemas na evolução da bateria, a favorita Pérola Negra ficou em décimo lugar em 2010. Praticamente, uma vitória daqueles que tiraram o desfile do fundo das águas.

Ao se tornar tema de escola de samba, Boldrin achou que havia esgotado o estoque de homenagens que uma pessoa consegue receber. Com o título de cidadão de cidades como Guaíra, Sertãozinho, Ribeirão Preto e São Paulo, e de prêmios como o Sharp de Música (melhor cantor, melhor disco), além dos APCA, o joaquinzense foi surpreendido ao ser agraciado com a Ordem do Mérito Cultural em 2015. Ele viajou até Brasília, trajando um elegante *smoking*, para receber das mãos da então presidente Dilma Rousseff a Grã-Cruz e o título de Comendador em reconhecimento à contribuição à cultura nacional.

Naquela mesma noite de novembro, no Palácio do Planalto, também foram homenageados o poeta Augusto de Campos, um dos criadores do movimento nacional da poesia concreta, na década de 1950, a cantora Daniela Mercury, o trio de cantoras Ceguinhas da Paraíba e o cantor e compositor Arnaldo Antunes. Houve também uma homenagem póstuma ao cearense Humberto Teixeira, coautor de clássicos em parceria com Luiz Gonzaga, o rei do baião.

Recentemente, um terceiro filme surgiu na vida de Boldrin. Dessa vez, por meio do ator e cineasta Selton Mello, que dirigiu na serra gaúcha *O filme da minha vida*, baseado em obra do escritor chileno Antonio Skármeta. Selton Mello, fã do caipira, criou um personagem que não estava no texto original só para contar com a participação de Boldrin na produção lançada com pretensões de conquistar o público internacional. De novo, o personagem de um maquinista, Josepe, e um vocabulário cheio de sotaque italiano.

80 ANOS, O QUE MAIS TEM PARA FAZER?

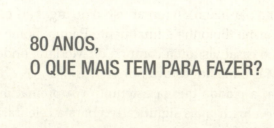

Oitenta anos de um senhor que é todo Brasil. E tudo começou com a vinda dos avós da Itália. Não há dúvida de que o octogésimo aniversário demandava uma comemoração à altura. A viagem ao país europeu não foi planejada, mas se tornou fascinante. Nada de pontos turísticos, apenas lugares para resgatar as origens e para sentir a atmosfera dos antepassados. Onze horas de voo na classe executiva curtindo do bom e do melhor, afinal alguém com essa longevidade não deve ter pressa. Segundo Boldrin, ele estava em ritmo de Fordinho 29, aquele que foi dado de presente para o pai. Se chegasse a 50 quilômetros por hora era muito.

Um vinho para relaxar ainda mais, o caipira está mais polido, bem diferente dos áureos tempos em que não gostava de ver um copo cheio de qualquer aguardente à frente. Quando o casal menos esperava, veio o anúncio do piloto: *"Tripulação, preparar para pouso"*. O pouso em Barcelona, na Espanha, foi como uma pluma. Dali fariam a Costa Brava, região turística espanhola. De Catalão até Marselha, na França; de Marselha a Monte Carlo, um dos dez distritos do principado francês de Mônaco... A maioria do percurso foi feita de trem, sem pressa, para curtir a paisagem e o romantismo do lugar até entrar em território italiano. Parma, Bolonha e finalmente Pádua, nome em português de Pádova, e o casal visitou a comuna de Merlara, onde nasceu o avô de Boldrin. Mas o melhor estava por vir...

Verona, a cidade que já ostentou a supremacia artística italiana. Não haveria lugar mais significativo para a celebração do aniversário dos dois, Boldrin em 22 de outubro e Patrícia, em 25. Verona é um dos cenários da história da peça *Romeu e Julieta*, de William Shakespeare. A cidade dos namorados é também a cidade da família Boldrin. E lá foi Rolando sentir e desfrutar da sua árvore genealógica. Na igrejinha de Terrazzo, província de Verona, a emoção roubou algumas lágrimas do caipira chorão. Parecia uma capela de tão pequenina, bem simples. Para a sorte, as portas estavam abertas. E Rolando fechou os olhos e usou a imaginação de ator para vivenciar exatamente como foi a cerimônia onde foi cultivada a semente dos Boldrin. Com o rosto banhado de lágrimas, uma oração para arrefecer a saudade. O caipira não se contentou em apenas registrar fotos do local. Antes de sair, cometeu um pecado: surrupiou um livro da missa.

O que fica para o final é sempre melhor. Pelo menos na culinária é assim. Quem já não raspou o tacho da comida da mamãe, aquele momento magnífico de quero mais! Quem já não lambeu a colher do brigadeiro feito com amor pela cozinheira da família, que em muitos lares do passado faziam as vezes de mãe de leite? O último deliciar é sempre mágico. Guarda os sabores da infância, o aconchego do lar, os cheiros do amor materno... Uma indagação a Boldrin sobre o futuro e a resposta é imediata e precisa: *"Quero continuar lambendo a colher"*. Quer dizer, curtir o que há de melhor: a vida. E é como na famosa canção: para se deixar levar.

80 anos, o que mais tem para fazer?

Para a comemoração de seus 80 anos, Boldrin foi às cidades dos avós, Pádova e Merlara, na região do Veneto. O casamento dos avós foi em Terrazzo.

Capa do CD *Lambendo a Colher,* lançado em 2016.
Desenho do artista gráfico Elifas Andreato

O incansável Boldrin não tem limites. Depois de gravar 174 obras musicais, entre letras próprias e de outros compositores, sonha em fazer mais e mais, começando pelo lançamento da segunda coletânea de músicas, *Lambendo a colher*. A primeira foi longe na memória, com canções que nunca havia gravado. Tem, por exemplo, Ary Barroso, que marcou sua adolescência. Há ainda uma inédita de Noel Rosa, que ninguém conhecia até então. Foi numa mesa de bar durante noitada boemia, na década de 1960, que o ator de cinema Geraldo Gamboa revelou a rara canção para Boldrin. No restaurante paulista Papai, na avenida São João, Gamboa apresentou a música "O tal da barata", que Noel Rosa fez sobre um cupê Baratinha. Teria sido uma encomenda ao compositor para um número de teatro de revista em que o ator se vestia de mulher. Outra, que ninguém conhecia, é "De Maracangalha, chega", do mestre do samba Dunga. Essa cantarolada, com auxílio de uma caixa de fósforos, por Rubens Leite, conhecido por imitar cantoras da era do rádio. O batuque também ocorreu em outro bar, em Catanduva, cidade onde Boldrin trabalhava como sapateiro. A música seria resposta ao sucesso "Maracangalha", de Dorival Caymmi. *Lambendo a colher* traz ainda composições de Tom Jobim, Geraldo Vandré e do próprio caipira. O vigésimo nono disco da carreira dele.

Ainda sobre o futuro de Rolando Boldrin, caipira, cabeça-dura, ator, "cantadô", contador de causos e de prosa, pintor, o mestre da arte de entreter... Nem mesmo ele sabe. No entanto, não se cansa de repetir esta frase aos pesquisadores e jornalistas ansiosos: *"Eu tenho três netos, dois livros publicados, plantei árvore, uma mangueira no caroço, a vi crescer e, quando deu frutos, chupei a manga dela. O que me resta mais fazer?"*.

80 ANOS

Rolando Boldrin

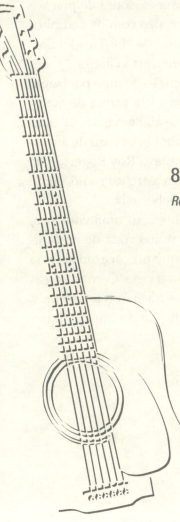

Meu pai, mecânico de automóveis, nunca me perguntou: "*O que você quer ser quando crescer?*". A bem da verdade, meu pai nunca fizera essa pergunta a nenhum dos 12 filhos, machos ou fêmeas. Mas gostava de impor a todos nós a ideia de que, após completar 16 anos de idade, a vida de pobre obrigava-nos a escolher alguma profissão. Mecânico, sapateiro, alfaiate, pedreiro... enfim, a ter um ofício... como ele dizia.

Eu tampouco lhe dissera alguma vez: "*Pai, quando crescer quero ser... artista*". Acho mesmo que nós dois já tínhamos "firmados" lá no fundo dos nossos olhos e coração algum pacto secreto nesse sentido.

De vez em quando, ao levar a merenda que minha mãe lhe preparava, enquanto ele comia "rodeado" de colegas mecânicos, num pequeno descanso na oficina, eu brincava com uma vassoura de piaçava imitando acordes no braço imaginário de um violão com os dedinhos de criança, cantando numa língua engrolada cheio de "Oi-Tiro-leiiiite" (coisa dos filmes de faroeste das matinês do Cineteatro Guaíra).

Com essa minha brincadeira, chamava a atenção de meu pai fazendo com que ele sorrisse feliz, embevecido junto à sua turma de mecânicos, objetivando de um jeito premonitório que ali bem poderia estar nascendo um pretenso Bob Nelson (cantor-caubói brasileiro de sucesso no rádio e no cinema nos anos 1940 e que imitava Roy Rogers, galã americano), ou, quem sabe, vislumbrasse ele um astro do rádio, como Vicente Celestino, Chico Alves, Orlando Silva. Sabe-se lá.

O fato era que, brincando de cantar sozinho, com uma vassoura, de forma engraçada, aos 6 anos de idade, ali, numa roda de mecânicos amigos de meu pai, com um jeito de moleque precoce, eu já fazia a minha... "ARTE" (literalmente). De brincar com a vida. Com as coisas e com as pessoas. De cantar e contar em prosa e verso o nosso país. "Arte de amar o BRASIL", de um jeito mais profundo do que qualquer artista brasileiro.

OS AUTORES

Willian Corrêa começou a carreira no rádio mineiro aos 15 anos de idade. Três anos depois estreou em TV. É um jornalista, com mais de 30 anos de experiência com passagens em emissoras de rádio e televisão como Globo, Alterosa (SBT), Record, Band, Rede Minas, Rádio Itatiaia. Presidiu a TV Zimbo, em Angola (África). Atualmente, é diretor de jornalismo da TV Cultura-SP e âncora do *Jornal da Cultura*. Em 2016, recebeu o prêmio Comunique-se como o melhor executivo de televisão do país. Nas horas vagas é músico e cantador.

Ricardo Taira é paulistano do bairro do Brás. É formado em música clássica, mas nunca exerceu profissionalmente os dotes adquiridos no período de conservatório musical. Como jornalista, passou pelas principais redações de emissoras de TV do país, tendo também atuado na TVE da Espanha na década de 1980. Hoje exerce a função de editor-chefe do *Jornal da Cultura* da Fundação Padre Anchieta-SP.

Cadastre-se no site da Contexto
e fique por dentro dos nossos lançamentos e eventos.
www.editoracontexto.com.br

Formação de Professores | Educação
História | Ciências Humanas
Língua Portuguesa | Linguística
Geografia
Comunicação
Turismo
Economia
Geral

Faça parte de nossa rede.
www.editoracontexto.com.br/redes